KB270511

범죄의 심리학

범죄의 심리학

범죄의 심리학

범죄자들은 어떻게
우리의 심리를 훔치고 조종하는가

이기동 지음

모티브

차 례

이 책은 제가 직접 겪은 경험을 바탕으로 쓴 글입니다. 이 책을 펴내기에 앞서, 저는 부족한 부분이 정말 많은 사람입니다. 하지만 여러분께 조금이나마 도움이 될 지혜를 전하고자, 제가 경험했던 것, 눈으로 보았던 것, 그리고 느꼈던 모든 것을 거짓 없이 말씀드리려 합니다. 이 글을 통해 여러분이 마음속에 지혜를 하나라도 챙겨두어, 두 번 다시 사기범의 날카로운 칼날에 울지 않기를 바라는 마음으로 글을 써 내려가겠습니다.

생각지도 못한 사정으로, 자고 일어났는데 내 통장에서 돈이 사라져버립니다. 생각지도 못한 사정으로, 휴대전화 요금이 폭탄처럼 결제되어 청구서가 집으로 날아옵니다. 생각지도 못한 사정으로, 누군지도 모르는 사람이 돈을 갚으라며 협박을 합니다. 생각지도 못한 사정으로, 성관계 영상을 가지고 있다며 돈을 보내지 않으면 유포하겠다고 협박을 합니다.

힘든 경제 상황을 틈타 은행을 사칭하며 기존 대출을 저금리로 갈아타게 해주고 더 많은 대출을 해주겠다고 유혹합니다.

수사관이라며 전화가 와 온라인 도박 조직, 사기·다단계 조직을 검거했는데 당신의 통장이 현장에 있었으니 수사가 필요하다며, 수사가 끝날 때까지 통장에 있는 잔액을 보관하라고 합니다. 금융감독원이나 은행을 사칭해 개인정보가 유출되었으니 돈이 빠져나갈 수 있다며 안전한 계좌로 옮겨 보관하라고 합니다.

가족, 지인, 회사 동료를 사칭해 급하게 결제가 필요하다며 불러주는 계좌로 돈을 송금해 달라고 합니다.

영상을 보거나 후기를 써주면 수익을 주겠다고 합니다.

누구나 최대 5,000만 원까지 대출이 가능하다고 유혹합니다.

중고 물품 거래를 하면서 안전결제로 거래하자고 합니다. 고급 시계, 금, 명품 가방, 상품권, 외화를 직접 만나 정상적으로 거래했는데 갑자기 통장이 정지되고 경찰서로 수사를 받으러 오라는 연락이 옵니다.

군부대 간부, 정당 관계자, 연예인을 사칭해 단체 회식을 예약해 놓고 와인이나 양주를 미리 준비해 달라고 합니다.

구인·구직 광고를 보고 일을 했을 뿐인데 경찰서에 체포됩니다.

멋진 이성을 만나 좋은 인연이 된 줄 알았는데 전 재산을 잃고 연락이 끊깁니다. 화끈하게 한 번 놀아보자고 해놓고 나중에는 돈을 달라며 협박합니다.

자녀를 납치했다며 돈을 보내지 않으면 해치겠다고 협박합니다.

생각지도 못한 정황에서 판사가 징역 또는 벌금을 선고하고 전과자라는 낙인이 찍힙니다.

분명 큰돈을 사기당해 경찰에 신고했음에도, 누가 내 돈을 가져갔는지 알 수도 없고 사기를 당한 뒤 긴 마음고생만 남습니다.

왜 이런 일이 반복되고, 왜 이런 일이 우리 주변에서 끊이지 않는 것일까요. 이제부터 제가 하나하나 풀어드리겠습니다.

저는 2007~2008년, 중국 보이스피싱 총책들에게 수천 개의 대포통장을 양도해 전자금융거래법 위반으로 징역형을 선고받았습니다. 2013년 형기를 마친 뒤, 현재는 언론·방송·유튜브에서 금융범죄 예방 전문가로 활동하고 있으며, 법무부 위촉을 받아 소년원, 분류심사원, 예스센터 등에서 위기 청소년들에게 꿈과 희망을 전하고 있는 한국금융범죄예방연구센터 소장 이기동입니다.

아직도 보이스피싱은 물론 전기통신금융사기, 불법 사금융, 스미싱, 통장 협박, 중고 물품 사기, 노쇼·대리 구매 사기, 리딩방 투자 사기, 알바 사기, 성매매 사칭 사기, 로맨스 스캠 사기 등 온갖 금융범죄가 기승을 부리고 있습니다. 하지만 국가 차원의 확실한 대책은 부족해 보입니다. 그래서 제가 직접 겪으며 얻은 지혜를 전해드리고자 이 글을 쓰게 되었습니다.

신문이나 뉴스를 통해, 또는 주변 사람들의 이야기를 통해 보이스피싱이나 사기 피해 사례를 한 번쯤은 보고 들었을 것입니다. 그럴 때 우리는 이렇게 생각합니다.

"저 사람, 참 바보네."

"저 사람, 참 멍청하네."

누구나 한 번쯤 이런 생각을 해봤을 겁니다. 하지만 이들은 바보라서, 부족해서 사기를 당한 것이 아닙니다.

사기범들은 기업, 공공기관, 전문가, 가족, 지인, 연인까지 사칭하며 악성 앱을 설치하게 해 개인정보를 들여다보고, 전화 발신을 조작하고, 정교한 팀워크로 피해자의 심리를 파고듭니다. 이런 상황에서 누가 사기를 피할 수 있겠습니까.

과거 어눌한 말투로 "소포가 반송됐다"고 하던 보이스피싱은 이미 구시대의 수법이 되었습니다. 반면 피해자는 수화기 너머의 목소리나 SNS로 접근하는 사람이 누구인지 전혀 알 수 없습니다.

돈을 지키려는 사람, 즉 피해자와 돈을 빼앗으려는 사람, 사기범 사이의 싸움은 애초에 동등한 게임이 될 수 없습니다.

한 해에 적게는 수십만 명, 많게는 백만 명에 가까운 피해자들이 수천억에서 수조 원에 이르는 피해를 입고 있습니다. 이제 금융범죄는 결코 남의 일이 아닙니다. 내가 그 피해자 중 한 명이 되지 않으리라는 보장은 없기 때문입니다.

그렇다면, 알고도 당하는 금융범죄의 정체는 무엇일까요. 사기와 대포폰·대포통장을 이용한 계획적 금융범죄의 차이는 무엇일까요. 금융범죄 조직은 어떻게 구성되어 있고, 대포통장과 대포폰은 누가, 어떻게 만들어 얼마에 거래되는 것일까요. 개인정보는 어떻게 유출되어 해외 총책에게까지 전달되는 것일까요. 이제 그 모든 과정을 하나하나 상세히 알려드리겠습니다.

금융범죄는 특정 누군가만을 노리는 범죄가 아닙니다. 전 세계 모든 사람이 잠재적 피해자입니다. 부디 이 글을 통해 마음속에 지혜를 꼭 챙겨두시길 바랍니다.

만약 피해자가 나라면 통장을 만들어주었겠습니까. 휴대전화를 만들어주었겠습니까. 유심을 개통해주었겠습니까. 알바를 했겠습니까. 인출을 했겠습니까. 해외로 일을 하러 갔겠습니까. 스스로에게 한 번 질문해 보시기 바랍니다.

이 책에서 다루는 내용은, 힘든 경제 상황에서 저금리 대출을 찾는 사람들, 일자리나 아르바이트를 찾는 사람들, 중고 거래를 하는 사람들, 연애로 외로움을 달래고 싶은 사람들, 경찰이나 검찰 수사를 한 번도 받아본 적 없는 사람들, 경제적으로 어려운 모든 사람들께 꼭 필요한 지혜입니다.

사기를 당한 사람만이 피해자가 아닙니다. 범죄에 쓰일 줄 모르고 통장이나 휴대전화를 만들어준 사람, 범죄 수익금인 줄 모르고 인출·전달 아르바이트를 한 사람까지 모두 피해자입니다.

부모는 자녀에게, 자녀는 어른들에게, 선생님은 학생들에게 이 사실을 꼭 전해주시길 바랍니다. 이것이 이 책의 핵심이며 가장 중요한 이유입니다.

그리고 이 책은, 비단 피해자가 되지 않기 위한 방법뿐 아니라, 실제 범죄자들이 어떻게 평범한 사람의 심리를 조종하는지에 대한 구체적이고 현실적인 사례와, 그 사례를 통한 대처법과 해결법을 알려드립니다. 부디 이 책이, 여러분이 범죄자들에게 당하지 않고 행복한 인생을 살아가는 데 도움이 되길 진심으로 바랍니다.

해외에 거점을 두고
조직적으로 움직이는 사기범들

금융 범죄 조직 계보도

1. 총책

중국, 필리핀, 베트남, 캄보디아, 미얀마, 라오스 등지에 거점을 둡니다. 주로 물가가 싸고 치안이 허술한 동남아 지역에서 인터넷이나 스타링크 설치가 가능한 곳에 범죄 단지 또는 사무실을 마련합니다. 범죄 조직마다 규모와 인원수는 조금씩 다르지만, 총책은 대체로 한족이나 조선족이 많습니다. 총책은 자금 관리, 범죄에 들어가는 비용 투자, 공안·수사기관·정치인 관련 작업 등을 맡습니다.

이들의 자금을 바탕으로 한국인과 공모해 공동 총책 또는 사장·부장·팀장·대리 등의 직책을 부여하며 조직을 갖춥니다. 이 조직들은 대포폰, 대포통장, 대포계정 등을 사용하고 가명을 쓰며, 해외에 있기 때문에 특정이 어렵고 검거될 확률도 매우 낮습니다.

2. 해커·연구팀(개인정보)

한국인을 상대로 어떻게 하면 큰돈을 쉽게 편취할 수 있는지 연구하는 조직입니다. 대부분 금융권, 수사기관, 기업 등에서 일한 경험이 있는 사람들, 또는 사기 전과가 있는 사람들이 실력 있는 해커나 전문지식을 가진 사람들과 공모해 범죄에 필요한 해킹, 개인정보, 범죄 수법 등을 연구합니다.

이들 또한 해외에서 대포폰, 대포통장, 대포계정을 사용하고 가명을 쓰며, 해외에 있기 때문에 특정이 어렵고 검거될 확률도 매우 낮습니다.

3. 콜센터 조직

팀워크로 계획적인 사기를 치기 위해서는 역할 분담이 필요합니다. 사무실이나 호텔방, 모텔, 원룸 등에 거점을 마련해 2~4명이 한 조가 되어 검사 사칭, 경찰 사칭, 은행 사칭, 군인 사칭, 가족 사칭, 지인 사칭, 기업 사칭, 리딩방 사기, 중고 물품 사기, 로맨스 스캠 등 각종 수법으로 한국을 상대로 범행합니다. 이 과정에서 개인정보와 위·변조된 문서, 명함, 사이트 파일 등을 활용합니다.

이들 또한 해외에서 대포폰, 대포통장, 대포계정을 사용하고 가명을 쓰며, 해외에 있기 때문에 특정이 어렵고 검거될 확률도 매우 낮습니다.

4. 변작 중계기

변작 중계기는 전화번호를 임의로 변조(변작)하는 장치로, 주로 보이스피싱(전기통신금융사기) 등 계획적인 금융 범죄에 사용됩니다. 국제전화나 인터넷 전화를 국내 일반 번호처럼 보이게 변환해 중계하는 장비입니다. 해외에서 걸려오는 전화나 인터넷전화 (070, 002, 003) 등의 발신이 아니라, 국내 핸드폰 번호나 지역 번호로(010, 02, 051, 032 등) 표시되도록 속이는 장치입니다.

이들은 '고수익 알바' 등의 광고로 불특정 다수를 기망해 가정집, 자동차, 오토바이, 논, 섬, 공사 현장, 모텔 등 인터넷·와이파이·스타링크 설치가 가능한 곳이라면 어디든 설치하게 만든 뒤, 해외에서 걸려오는 전화를 국내에서 건 것처럼 위장해 국민을 속이는 도구로 사용합니다. 이 범죄를 지시하는 사람 또한 해외에서 대포폰, 대포통장, 대포계정을 사용하고 가명을 쓰며, 해외에 있기 때문에 특정이 어렵고 검거될 확률도 매우 낮습니다.

5. 대포통장·대포유심 확보 및 공급 조직

보이스피싱, 전기통신금융사기, 계획적인 금융사기를 저지르기 위해서는 타인 명의의 유심과 타인 명의의 통장 확보가 필수입니다. 이들은 다양한 방법으로 유심과 통장을 확보해 범죄자에게 공급·유통합니다.

이들 또한 해외에서 대포폰, 대포통장, 대포계정을 사용하고 가명을 쓰며, 해외에 있습니다. 한국에서 활동하는 조직 역시 은밀하고 조직적으로 움직이고 대포폰, 대포통장, 대포계정을 사용하기 때문에 특정이 어렵고 검거될 확률도 매우 낮습니다.

6. 인출(자금 세탁)

예전에는 통장과 체크카드, 인증서 등 출금과 뱅킹 이체가 가능한 전자매체만 받아 범행을 저지르는 경우가 많았습니다. 그러나 최근에는 사고가 많이 발생합니다. 여기서 '사고'란 통장을 양도한 사람이 통장을 정지시키거나, 다른 방법으로 돈을 빼가는 상황 등이 생기는 경우를 뜻합니다.

그래서 캄보디아 사태처럼 '고수익 알바'라는 미끼나 지인 소개를 통해 항공권을 대신 예매해 주고, 통장이 정지될 때까지 호텔·모텔·사무실 등에 데리고 있는 수법도 사용됩니다. 또 여러 가지 고수익 미끼를 내세워 지인 명의 통장으로 범죄 수익금이 입금되면, 몇 차례의 이체를 거쳐 암호화폐, 상품권, 금 등을 구매하는 방식으로 자금을 세탁합니다.

이들 또한 해외에서 대포폰, 대포통장, 대포계정을 사용하고 가명을 쓰며, 해외에 있습니다. 한국에서 활동하는 조직 또한 은밀하고 조직적으로 움직이고 대포폰, 대포통장, 대포계정을 사용하기 때문에 특정이 어렵고 검거될 확률도 매우 낮습니다.

지금 하나하나 따져 보면 이 조직들이 별 내용이 없는 것처럼 보일 수도 있습니다. 하지만 기업, 공공기관, 지인, 가족 등 '권위 위장'을 통해 팀워크를 이루어 한국을 공격하면 엄청난 피해가 발생합니다.

만약 내가 피해자라면 어떤 선택을 하겠는지, 한 번 자가 진단을 해 보시기를 바랍니다.

사기범들에게 반드시 필요한 준비물

금융 범죄에 필요한 도구들

1. 대포폰

대포폰(유심)은 무엇이며, 어떻게 만들어지는 것일까요?

타인 명의의 유심, 즉 대포폰은 계획적인 금융 사기를 저지르기 위해 반드시 준비해야 하는 수단입니다. 이를 사용하는 이유는 자신의 신원을 숨기고 경찰 수사에 혼선을 주기 위해서입니다.

우리나라뿐만 아니라 라오스, 미얀마, 필리핀, 태국, 베트남 등 전 세계에는 캄보디아를 중심으로 범죄 단지처럼 형성된 금융 범죄 조직이 생각 이상으로 많습니다. 이들이 한국을 향해 SNS, 문자, 전화를 하기 위해서는 수많은 타인 명의의 유심이 필요합니다.

그렇다면 이 많은 유심은 도대체 어디에서 나오는 것일까요? 돈이 필요하거나 속아서 대가를 받고 유심을 넘기는 사람도 있고, 가장 심각한 문제는 휴대전화 대리점에 바지사장을 앉혀 불법적으로 확보한 개인정보, 신분증, 여권을 이용해 외국인이든 내국인이든 본인도 모르게 알뜰 선불 유심을 개통하는 경우입니다.

예를 들어 중국인이 한국에 5박 6일 일정으로 여행을 옵니다. 일부 여행사 가이드는 '여권 분실 방지'라는 명분으로 여행객들의 여권을 100~200개씩 보관합니다. 한국에 도착한 뒤, 여행객들이 여행을 즐기는 동안 가이드는 브로커를 통해 여권 한 개당 5만 원에서 7만 원을 받고, 미리 바지사장을 세워 둔 알뜰폰 대리점과 공모해 여행객이 전혀 모르는 사이에 적게는 1~2개, 많게는 5개까지 유심을 개통해 버립니다.

이처럼 한국에 여행 온 사람의 여권만 있으면 유심 개통이 가능한 허술한 제도권 개통 시스템을 악용해, 본인도 모르는 사이 대포폰이 만들어집니다. 이렇게 개통된 유심은 한국을 향한 SNS 계정 생성, 불법 광고, 각종 범죄의 발·착신 수단으로 사용됩니다.

여행객은 여행을 마치고 본국으로 돌아가면 그뿐입니다. 여권 정보를 브로커나 통신사 측에 넘긴 사람은 증거가 없어 특정하기 어렵고, 통신사는 선불 유심만 판매했을 뿐 단말기 할부를 제공한 것도 아니기 때문에 매출만 발생하고 실질적인 손해도 없습니다. 또한 감언이설이나 회유에 넘어가 명의를 빌려준 대리점 업자(바지사장) 역시 "몰랐다"는 이유로 솜방망이 처벌로 끝나는 것이 현실입니다.

전기통신사업법에 따르면 거짓 또는 부정한 방법으로 개통하거나 회선을 대여·양도·매개한 경우 전기통신사업법 위반으로 처벌받습니다. 그러나 처벌 수위는 3년 이하의 징역 또는 1억 원 이하의 벌금에 불과해, 실제 범죄로 벌어들이는 수익에 비해 지나치게 약합니다. 이 때문에 바지사장을 세우는 데는 어려움이 없지만, 수사를 하기에는 매우 어렵습니다.

아래에 언급되는 수많은 계획적 금융 범죄는 모두 이러한 구조에서 발생합니다. 금융 범죄를 근절하려면 무엇보다도 이 고리를 반드시 끊어야 하며, 처벌 수위 또한 대폭 강화되어야 합니다.

2. 대포 통장

그렇다면 대포통장은 무엇이며, 어떻게 만들어질까요?

대포통장 역시 사기범들에게는 계획적인 범죄를 위해 없어서는 안 될 필수 준비물입니다. 대포폰이 사기 광고, SNS 사칭, 발·착신을 위한 통신 수단이라면, 대포통장은 이를 통해 기관·기업·전문가·가족·지인 등을 사칭해 피해자의 범죄 수익금을 가로채는 데 사용되는 도구입니다.

이 또한 수사에 혼선을 주고 자신을 숨기기 위한 목적이며, 만약 사기범이 자기 명의의 통장으로 범죄를 저지를 경우 즉시 특정되어 처벌을 받을 수밖에 없기 때문에 반드시 필요한 수단입니다.

과거에 비해 금융기관의 통장 개설은 까다로워졌지만, 인터넷은행의 출범으로 비대면 계좌 개설이 가능해지면서 여전히 허점은 존재합니다. 특히 통장 양도·대여에 대한 처벌이 약하다 보니, 범죄에 사용될 줄 알면서 만들어 주는 사람, 범죄에 쓰일 줄 모르고 만들어 주는 사람이 끊이지 않고 있습니다.

한 해에만 약 5만 개의 대포통장이 범죄에 사용될 만큼, 생활고로 통장을 팔아넘기는 사람, 협박에 의해 개설해 주는 사람, 일을 빌미로 양도하는 사람, 본인도 모르는 사이 자신의 통장이 범죄 수익금 세탁에 이용되는 경우가 계속 늘고 있습니다.

통장과 전자매체의 대여·양도는 전자금융거래법 위반으로 5년 이하의 징역 또는 3천만 원 이하의 벌금에 처해질 수 있습니다. 그러나 현실에서는 초범이라는 이유, 몰랐다는 이유로 대부분 솜방망이 처벌에 그치고 있습니다. 초범이라 하더라도 학생과 국민들에게 통장 양도의 심각성을 명확히 알리고, 보다 강력한 처벌이 반드시 필요합니다.

아래에 조직적으로 움직이는 수많은 금융 범죄는 모두 이러한 구조 때문에 발생합니다. 금융 범죄를 근절하기 위해서는 대포통장 문제 역시 반드시 사라져야 합니다.

해외에서 온
전화가 조작되는 과정

변작 중계기 (이렇게 하면 속을 수밖에 없다)

변작 중계기는 금융 범죄 조직이 전화번호를 조작·변작해 다른 번호로 보이게 만들고, 해외에서 국내로 전화를 우회 송출하는 장비(시스템)를 말합니다.

예를 들어 정상적인 해외전화는 휴대폰 화면에 국가번호와 '국제전화'라는 문구가 표시됩니다. 하지만 변작 중계기를 사용하면 010, 02, 112 등 국내 번호로 변작되어 전화가 걸려옵니다. 쉽게 말해 발신번호를 속여 한국 전화처럼 보이게 만드는 중계 시스템입니다.

해외에 있는 범죄 조직이 인터넷전화로 전화를 걸고 이를 한국 번호로 변작하려면, 한국 안에 변작 중계기를 설치해야 합니다. 이를 위해서는 유선 인터넷이나 LTE/5G 라우터, 와이파이 같은 통신 환경이 필요합니다. 다만 와이파이는 통화 지연이나 끊김이 잦아 범죄자들이 잘 쓰지 않는 편이고, 유선 인터넷이 가장 선호됩니다. 5G 라우터는 이동성이 높고 추적 회피에 유리해 범죄자들이 많이 사용합니다.

변작 중계기 설치는 전기통신사업법 위반으로 형사처벌 대상이기 때문에, 이를 자기 집이나 사무실에 설치하려는 사람은 거의 없습니다. 특정될 가능성이 크기 때문입니다. 그래서 범죄 조직은 조직적으로 돈을 주고 설치해 줄 사람을 구합니다. SNS나 구인구직 사이트에 "누구나 할 수 있는 부업", "월 수익 100만 원" 같은 식으로 광고를 냅니다. 너무 큰돈을 제시하면 오히려 사기 냄새가 나 역효과가 나기 때문입니다. 이런 광고를 보고 누군가 연락합니다.

피해자: 광고 보고 전화 드리는데요. 이거 어떤 일입니까?

사기범: 해외에 있는 기업인데요. 인터넷 장비만 설치해 주시면 한 달에 50만 원 드립니다.

피해자: 인터넷을 설치하려면 집이나 사무실에 설치하면 되지 않나요? 어디에 설치하는 건가요?

사기범: 저희가 택배를 보내 드릴 테니, 가정집이든 모텔이든 사무실이든 시키는 대로 설치만 해주시면 됩니다.

피해자: 그러면 남의 집에 왜 인터넷 장비가 필요하죠?

사기범: 저희가 해외 기업인데 고객이 대부분 한국 사람입니다. 인터넷 사용량과 전화 업무량이 많아서요. 요즘 경제도 힘든데 사

무실 계약하고 월세 내는 비용을 줄이려고 합니다. 저희도 비용을 절감했으니 그 비용을 고객님께 드리는 겁니다. 공유기 하나만 설치해 주시면 됩니다.

피해자: 공유기만 설치하면 되나요?

사기범: 네, 그렇습니다. 다만 업무량이 많아서 공유기가 좀 크긴 합니다.

피해자: 얼마나 큰데요?

사기범: 노트북보다 조금 큽니다.

피해자: 그럼 설치해 주는 비용은 얼마 주시나요?

사기범: 첫 달은 설치만 되면 선불로 50만 원 드리고요. 한 달 되는 날 50만 원 드립니다. 서버에 문제가 없고 원활하면 둘째 달에는 선불로 100만 원 드리고, 한 달 되는 날 100만 원 드릴게요.

중계기 설치 기간은 길어야 1주일, 빠르면 하루 안에도 수사기관에 발각될 수 있습니다. 통신사에서 비정상 트래픽을 감지해 경찰에 통보하고, 경찰이 기지국 분석으로 장소를 특정하기 때문입니다. 장비 가격은 기능에 따라 다르지만 기본형은 수십만 원~100만 원, 중간형은 100만 원~300만 원, 고급형은 300만 원~1,000만 원까지도 합니다. 그럼에도 범죄 조직이 장비에 돈을 쓰는 이유는, 투자금보다 몇 번만 발신해도 수천~수만 건의 문자와 전화가 가능하고 2차 피해까지 이어져 수익이 훨씬 크기 때문입니다. 결국 "다음 달 200만 원" 같은 말은 희망고문에 가깝고, 실제로는 1회용으로 50만 원을 주고 이용하는 구조입니다.

피해자: 문제 되는 건 없죠?

사기범: 경제가 어려워서 사무실 보증금이랑 임대료 아끼려고 하는 건데 무슨 문제가 있겠어요?

이런 식으로 사기범들은 늘 "큰 문제가 아니다"라는 말로 회유합니다. 하지만 정말 문제가 없다면 자기 가족 집에 설치하면 될 일입니다. 지인이나 친구, 사업하는 사람 집에 설치할 곳이 전혀 없다는 것 자체가 말이 되지 않습니다.

그럼에도 피해자는 "경제도 어렵고 돈도 필요하고, 별로 힘든 일도 아닌 것 같다"고 판단해 승낙합니다. 약속대로 택배로 인터넷 장비(중계기)가 오고, 선불로 50만 원을 받은 뒤 안내받은 대로 설치합니다.

이제 이 변작 중계기를 통해 해외 발신번호가 조작되어 02, 032, 010, 051 등으로 표시됩니다. 그리고 "대출해 드립니다", "부고장입니다", "대환대출 해드립니다", "카드가 결제되었습니다", "소액 결제되었습니다", "모바일 청첩장"처럼 궁금증을 유발하는 문구를 악성코드와 함께 전송합니다.

50만 원을 받고 짧게는 하루, 길게는 1주일이 지난 뒤 형사들이 압수수색으로 집을 수색해 중계기를 발견하면 전기통신사업법 위반으로 형사처벌을 받게 됩니다.

인터넷만 있으면 설치 가능한 장비이기 때문에, 대가를 받고 모텔에 설치하는 사람, 자동차에서 와이파이를 잡아 옮겨 다니며 설치하는 사

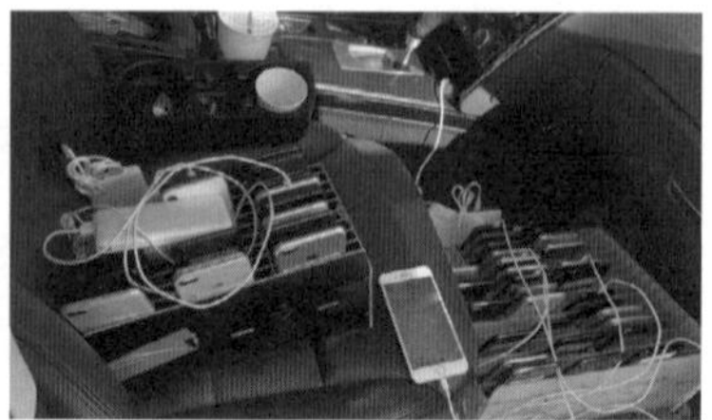

오피스텔, 원룸 설치 중계기 / 차량에 신고다니는 중계기

람, 오토바이로 이동하며 설치하는 사람, 공사 현장·오피스텔·원룸처럼 눈에 띄기 어려운 곳에 설치하는 사례가 많았습니다. 타인 명의로 렌트한 공간에 설치하는 경우도 있었습니다.

하지만 최근에는 발각 속도가 너무 빨라 한국 내 설치는 감소 추세입니다. 대신 비용이 조금 더 들더라도 통화 지연과 음질 저하를 감수하고, 한국에 장비를 두지 않아도 해외 서버만으로 발신번호 조작이 가능한 방식(해외에서 국제 통신망을 변조해 전달하는 방식)을 더 많이 사용하고 있습니다.

이제 사기범들이 해외에서 팀워크를 짜고 대포폰, 대포통장을 갖춘 채 발신번호를 조작해 국민들의 휴대폰에 악성코드를 심는다면, 어떤 범죄가 벌어질 수 있는지 스스로 자가 진단을 해보셔야 합니다.

궁금증 유발, 권위 위장, 공포 주입, 신뢰 구축

스마트폰을 좀비폰으로 만드는 8단계

1단계: 유포 단계(권위 위장·미끼 살포)

해외에 있는 해커들은 불특정 다수의 스마트폰을 감염시키기 위해 권위 위장을 사용합니다. 통화나 SNS 대화 중 악성코드를 내려받게 하거나, 악성코드를 심은 문자·파일·링크·앱을 유포합니다.

대표적인 예로는 택배 사칭, 배송 사칭, 경찰 출석 요구서, 돌잔치·청첩장·부고장, 대출 광고, 카드 결제 문자, 소액 결제 문자, 무료 영화, 성인 영화·게임, 금융기관·공공기관·기업 사칭 등이 있습니다. 이슈가 되거나 궁금증을 유발할 만한 내용을 이용해 피해자가 스스로 클릭하도록 만듭니다.

2단계: 설치 단계 – 권한 탈취

문자나 파일, 앱을 클릭했다고 즉시 해킹이 되는 것은 아닙니다. 문제는 설치 과정에서 스마트폰이 과도한 권한을 요구할 때입니다. 피해자가 자신도 모르는 사이 권한을 허용하면 다음과 같은 일이 발생합니다.

① 문자·SNS 탈취

문자 읽기·가로채기·전송

SNS 읽기·쓰기, 알림 접근 허용

→ 문자 인증번호 탈취, 실시간 감시, 금융 거래 내역 파악

→ 가족·지인 사칭으로 금전 요구 가능

② 전화 가로채기(콜 인젝션)

통화 관리 권한 허용

→ 피해자가 112, 은행 대표번호, 금융감독원 번호를 직접 눌러도 악성 앱이 중간에서 가로채 보이스피싱 조직으로 자동 연결

→ 화면에는 '112 연결 중', '은행 고객센터'로 표시되지만 실제로는 사기범 콜센터로 연결됨

※ 이는 전화를 '당겨 받는' 것이 아니라, 112 발신을 끊고 즉시 피해자에게 사기범이 다시 전화를 거는 방식입니다. 피해자는 전화를 당겨 받았다고 착각하게 됩니다.

③ 오버레이 권한

다른 앱 위에 표시 권한

→ 금융 앱 로그인 화면 위에 동일하게 생긴 가짜 로그인 화면을 덮어씌움

→ 입력한 로그인 정보가 사기범 서버로 전송

→ 가짜 금융 화면 표시, 공동 인증서·이체 비밀번호 탈취 가능

④ 원격 화면 조작 및 미러링

접근성 권한, 화면 캡처 허용

→ 피해자가 보는 화면을 실시간으로 사기범이 확인

→ 계좌번호, 비밀번호, 아이디 입력 내용 그대로 노출

→ 화면 조작, 키보드 입력 가로채기, 앱 자동 실행 가능

⑤ 잠금 화면 무력화 후 금융 앱 강제 실행

접근성·기기 관리자 권한

→ 잠금 화면 해제 시도

→ 특정 금융 앱(○○은행, ○○페이 등) 자동 실행

→ 미리 탈취한 인증 정보로 송금 진행

→ 피해자가 휴대폰을 들고 있어도 범행 진행

⑥ 연락처 탈취 후 협박 및 2차 사기

연락처 접근 권한 허용

→ 가족·지인 연락처 탈취

→ 빚, 사칭, 미납금, 납치 등을 빌미로 2차 사기

→ 지인에게 스팸·악성 앱 유포로 추가 감염

⑦ 은행·카드 알림 숨기기

알림 접근 허용

→ 실제 출금 알림은 차단

→ '심사 진행 중', '대환 승인 대기' 등 가짜 알림으로 안심 유도

→ 피해자는 돈이 빠져나간 사실을 인지하지 못함

대부분의 피해는 권한 허용 이후에 발생

3단계: 활성 단계 – 정보 탈취 및 통제

권한을 획득한 악성코드는 다음과 같은 작업을 수행합니다.

· 문자로 오는 본인 인증 코드 자동 전송

· 은행 앱 위 가짜 UI 표시로 계좌·비밀번호 입력 유도

· OTP, 공동 인증서 파일 탈취

· 주소록, 사진, 위치 기록 수집

4단계: 금융 피해 단계

국내에서 발생하는 보이스피싱 악성 앱의 일반적인 시나리오는 다음과 같습니다.

• 피해자 스마트폰

• 악성 앱 설치 및 권한 허용

• 공격자 서버와 연결

• 인증서, 신분증·운전면허증·신용카드 이미지 탈취

• 피해자 명의 알뜰폰 선불 유심 비대면 개통

• 인증 문자·계좌 정보 자동 전송

• 공격자가 피해자 계좌에서 송금 실행

5단계: 악성코드 감염 여부 확인 방법

다음과 같은 증상이 나타나면 감염을 의심해야 합니다.

• 알 수 없는 앱이 접근성 권한 사용 중

• 문자가 사라지거나 보이지 않음

• 금융 앱이 자주 강제 종료됨

• 데이터 사용량 급증

• 배터리 소모 비정상적 증가

6단계: 유심·계좌 추가 피해 구조

악성코드 감염 후 인증서, 신분증, 운전면허증 이미지까지 탈취된 경우, 알뜰폰 선불 유심 온라인 개통에 필요한 인증은 다음과 같습니다.

• 본인 명의 신용·체크카드

· 본인 명의 계좌 인증

· 공동·금융 인증서

· 휴대폰 본인 인증(다른 회선)

　이 인증 수단만 통과하면 피해자도 모르는 사이 유심 개통이 가능해지고, 이를 이용해 비대면 통장 개설, 모바일 뱅킹 악용까지 이어집니다. 사기범들은 이 정보를 이용해 돈이 될 수 있는 모든 범죄를 실행하며, 피해는 기하급수적으로 커집니다.

7단계: 감염 예방 방법

· 안드로이드 APK 설치(알 수 없는 앱 설치) 절대 허용 금지

· 접근성 권한 임의 허용 금지

· 금융기관·기업·택배 앱은 반드시 공식 스토어에서만 다운로드

· 문자·카카오톡 링크 클릭 전 발신자 확인

· 백신 앱 설치(시티즌 코난, 피싱아이즈, 아베스트·카스퍼스키, 삼성 기본 보안 등)

8단계: 감염 의심 시 즉시 조치 사항

· 데이터·와이파이 즉시 차단

　→ 공격자 서버와 연결을 끊어, 추가 피해 방지

· 접근 권한 확인 및 의심 앱 권한 제거

→ 모르는 앱이 있으면 즉시 OFF

• 알 수 없는 앱 설치 비활성화

→ 설정 → 보안 → 알 수 없는 앱 설치 → 모두 OFF

• 기기 관리자 권한 해제

→ 설정 → 보안 → 기기 관리자 앱

→ 해제 불가 시 악성 앱 가능성 높음

• 의심 앱 삭제

→ 삭제 불가 시 안전 모드로 재부팅 후 제거

• 은행·카카오·네이버 등 주요 계정 비밀번호 즉시 변경

• 계좌 지급 정지 요청

→ 금융감독원 1332 또는 해당 은행 대표 전화

→ 금융 범죄 우려 시 즉시 지급 정지 가능

이 단계들을 이해하시면, '권한 허용'이라는 한 번의 선택이 얼마나 큰 위험으로 이어질 수 있는지 명확히 인지하실 수 있습니다.

계좌 정지 공포, 불편함에 대한 즉각 복종, 해결을 미끼로 한 희망 심리 조작

통장으로 협박하는 방법

'통장을 풀고 싶으면 돈을 보내세요'

이처럼 불특정 다수의 스마트폰에 악성코드가 감염되고 권한이 허용되면, 휴대폰에 저장된 인증서, 신분증, 운전면허증 이미지 등이 탈취됩니다. 이를 이용해 알뜰폰 유심을 개통하고, 해외에 있는 해커(공격자)가 뱅킹에 필요한 정보를 확보해 통장 명의자와 상관없이 금융 거래를 할 수 있는 권한을 얻게 됩니다.

과거에는 이렇게 탈취한 정보로 피해자도 모르는 사이 미리 준비해 둔 대포통장으로 자금을 이체하는 방식이 주로 사용되었습니다. 그러나 최근에는 은행의 FDS(이상 거래 탐지 시스템)나 피해자의 빠른 신고로 범죄자들이 출금을 하기 전에 지급 정지가 이루어지는 경우가 많아졌습니다. 이로 인해 비싼 돈을 들여 준비한 대포통장만 정지되고, 통장 비용만 손해를 보는 역효과가 발생하자 범죄자들은 다른 방법을 선택하게 되었습니다.

사기범들에게 피해자의 통장에 1억 원이 있든, 10억 원이 있든, 100억 원이 있든 그 돈은 본인들의 돈이 아닙니다. 이들은 그 통장에 있는 돈을 이용해 어떻게든 수익을 만들어 내는 것이 목적입니다.

통장 협박 수법

스마트폰을 악성코드에 감염시키고 권한을 허용받아 피해자의 통장에서 뱅킹을 하는 경로는 크게 두 가지입니다.

첫째, 정상적인 은행 앱이나 간편 결제 앱을 실행하면 악성 앱이 즉시 동일하게 만들어진 가짜 화면을 띄웁니다. 이 과정에서 사용자가 입력하는 계좌번호, 비밀번호, 아이디, 인증번호를 가로채거나 탈취해 뱅킹을 가능하게 하는 오버레이 공격을 합니다.

둘째, 악성코드 감염과 권한 허용을 통해 피해자의 휴대폰에 저장된 신분증·운전면허증 이미지나 인증서를 탈취합니다. 이후 이를 이용해 인터넷 알뜰폰 선불 유심을 개통하고, 피해자 명의로 인터넷은행 비대면 계좌 개설, 신용 평가 기업 로그인, 신용도 확인, 간편 뱅킹·오픈 뱅킹 설정, 비밀번호 변경 등을 진행합니다. 그 결과 모든 계좌의 잔액을 확인하고 금융 거래가 가능해집니다.

이처럼 뱅킹 경로는 크게 두 가지로 나뉩니다.

사기범들은 뱅킹 권한을 확보하고도, 미리 준비해 둔 대포통장으로 돈을 보내면 출금하기도 전에 통장이 정지되는 상황을 반복해서 겪고 있습니다. 요즘은 대포통장을 구하는 것 자체도 어렵고, 한 개당 300만 원에서 많게는 1,000만 원에 거래됩니다. 통장 하나를 구매하면 최소 수천만 원 이상을 편취해야 수지가 맞는 구조입니다.

통장을 구하기도 어렵고, 구해도 곧바로 지급 정지가 되자 범죄자들은 대포통장이 없어도 수익이 나는 방법, 즉 통장 협박을 선택합니다.

통장 협박의 방식

범죄자들은 포털 사이트, 블로그, 홈페이지 등에 계좌를 공개하고 장사를 하는 사람들, 불법 도박에 베팅하는 사람의 계좌, 불법 도박 운영 본사의 계좌, 성매매를 운영하는 계좌, 개인적인 원한 관계가 있는

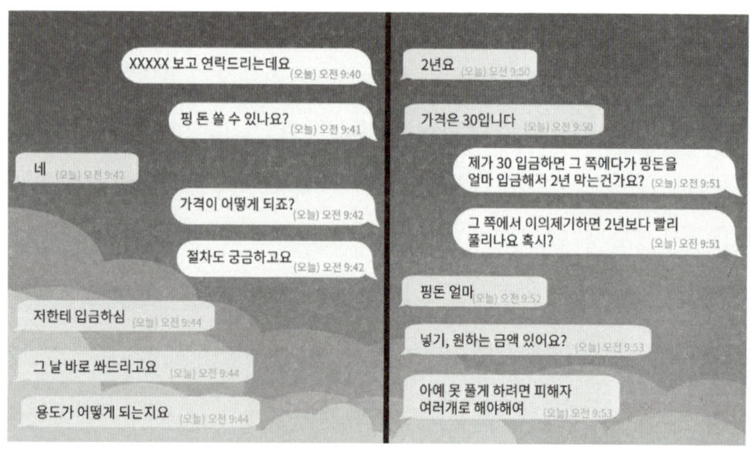

원한을 품고 있는 사람이 브로커에게, SNS 광고를 보고 피해자에게 돈을 보내 계좌를 잠궈 줄수 있냐는 대화 내용

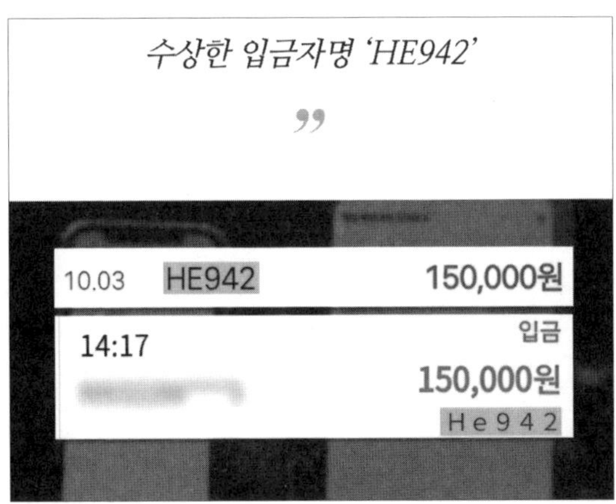

원한을 품고 있는 사람이 해킹된 계좌에서 피해자의 계좌에 15만 원을 보낸 입금 내역

사람, 중고 물품 거래를 하는 사람 등을 대상으로 삼습니다.

이들의 계좌에 10만 원에서 100만 원 정도의 소액을 입금합니다. 이때 입금자 명의는 해커들의 텔레그램 계정으로 설정합니다. 예를 들어 'HE942'라는 이름으로 입금합니다. 피해자가 텔레그램에 접속해 'HE942' 아이디를 검색하면 사기범과 연락이 닿게 됩니다.

연락이 되면 사기범은 "통장을 풀고 싶으면 돈을 보내라"고 협박합니다. 그러나 요구한 돈을 보내더라도 통장은 절대 풀리지 않으며, 애초에 사기범에게는 통장을 풀어 줄 권한 자체가 없습니다.

이런 방식으로 범죄자들은 피해자의 통장에서 피해자도 모르는 사이 소액을 송금시킨 뒤, '계좌를 풀어 주겠다'는 명목으로 추가 금전을 요구하며 수익을 올립니다.

대포통장을 이용해 큰 금액을 이체하면 출금 전에 곧바로 지급 정지가 되지만, 통장 협박은 피해자의 통장에서 소액을 불특정 다수에게 분산 입금시키는 방식이기 때문에 전부 성공하지 않더라도 피해자가 다수 발생합니다. 설령 협박이 실패하더라도 범죄자 입장에서는 금전적 손해가 거의 없기 때문에, 최근 이 범죄 수법이 더욱 빈번하게 사용되고 있습니다.

예방 방법

통장이 정지되었다며 계좌를 풀어 주겠다는 협박이나 감언이설에 넘어가, 정체를 알 수 없는 입금자의 SNS 계정으로 대화를 이어갈 경우 개인정보 유출이나 추가적인 금전 피해가 발생할 수 있습니다.

통장이 정지된 경우에는 사기범과 대화를 시도하지 말고, 반드시 해당 은행의 영업점을 직접 방문해 처리하는 것이 가장 현명한 방법입니다. 사기범은 계좌를 풀어 줄 수 있는 권한 자체가 없으며, 요구하는 돈을 지급하더라도 계좌는 절대 정상화되지 않습니다.

따라서 대화를 이어갈 필요가 없으며, 은행 창구에서 사실 그대로 상황을 설명하고 잘못 입금된 금액을 정식 절차에 따라 반환하는 것이 피해를 막는 가장 안전한 대응 방법입니다.

이득 보상 심리 자극,
신뢰 연출 심리

피해자의 돈과 피해자의 물건이 세탁되는 과정

'시계 파신다는 거 보고 연락 드립니다'

해킹된 피해자 통장을 이용한
중고 고가 물품 사기 수법

최근 많은 사람들이 SNS 활동을 활발히 하면서 당근마켓, 번개장터, 헬로마켓, 중고나라 등 중고 물품 거래 플랫폼이 크게 활성화되고 있습니다.

사기범들은 이 중에서도 금, 명품 시계, 상품권, 외화 등 고가이면서 즉시 현금화가 가능한 물품을 주요 표적으로 삼습니다. 이러한 물품을 단 몇만 원이라도 더 비싸게 판매하려는 사람들이 중고 거래 플랫폼에 게시글을 올리면, 해외 또는 국내에 있는 사기범들이 구매자인 것처럼 접근합니다.

실제 대화 사례

사기범: 당근마켓에 롤렉스 시계 올려놓으신 게시글 보고 연락드립니다.

판매자(피해자): 네.

사기범: 아직 시계 가지고 계신가요?

판매자: 네, 가지고 있습니다.

사기범: 제가 명품 시계 수집가인데 구매를 고려하고 있습니다. 혹시 시계에 하자는 없을까요?

판매자: 하자는 없고요. 저도 정말 아끼던 물건인데, 급하게 자금이 필요해서 정리하려는 겁니다.

사기범: 보증서는 있나요?

판매자: 네, 당연히 있습니다.

사기범: 판매 금액이 3,500만 원 맞으신가요?

판매자: 네, 맞습니다.

사기범: 제가 멀리서 이동해야 해서 교통비 명목으로 20만 원만 깎아 주실 수 있을까요?

(실제 구매자인 것처럼 자연스럽게 흥정을 시도합니다.)

판매자: 저도 구매한 지 얼마 되지 않았고 거의 새것이라 많이는 어렵고, 그럼 10만 원만 빼드리겠습니다.

사기범: 알겠습니다. 금액도 크고 중요한 물건이니, 직접 만나서 진품 여부와 상태를 확인하는 것이 좋을 것 같습니다. 직거래는 어

떠신가요?

판매자: 네, 그럼 그렇게 하시죠.

사기범: 거래 지역은 어디신가요?

판매자: 서울 ○○입니다.

사기범: 알겠습니다. 그럼 시간과 장소 정해서 다시 연락드리겠습니다.

판매자: 네, 알겠습니다.

이 과정에서 사기범은 실제로 시계를 구매하려는 사람처럼 행동하며, 직거래를 제안함으로써 피해자를 안심시킵니다. 이렇게 신뢰를 충분히 쌓은 뒤, 다음 단계에서 피해자의 통장과 물건을 동시에 노리는 범죄가 이어지게 됩니다. 아래에 다룰 '고수익 알바'와 연계해서 어떻게 범죄가 이뤄지는지 자세하게 들여다보겠습니다.

경제적 절박함 이용

알바 피해자가 형성되는 과정
고수익 알바 자리 찾으시나요?

아무리 해킹된 피해자의 통장에서 돈을 보낼 준비가 되어 있더라도, 사기범들은 앞으로 어떤 일이 벌어질지 이미 알고 있기 때문에 판매자(피해자)를 직접 만나는 것을 매우 위험한 일로 인식합니다. 그래서 시계를 직접 받으러 갈 사람으로 바지(알바 피해자)를 물색합니다.

이들은 알바천국, 알바몬과 같은 구인 사이트에 '고수익 알바'라는 제목으로 광고를 올립니다. 광고에 사용되는 계정과 연락처 역시 대포폰입니다. 경제적으로 어려운 상황에서 아르바이트라도 해서 돈을 벌려는 사람들이 주요 표적이 됩니다.

알바 모집 과정

알바: 광고 보고 연락드리는데, 어떤 일인가요?

사기범: 저희가 명품 시계 수집가인데요. 한국에 좋은 시계가 합리적인 가격으로 나와 있어서 구매하려고 합니다. 그런데 제가 해외에 있어서 당장 입국이 어렵습니다.

약속 장소와 시간을 알려드릴 테니, 시계를 가진 분을 직접 만나 시계가 정품인지, 하자는 없는지 전문가에게 감정 한 번만 받아 보시고 문제가 없으면 제가 시계값을 바로 입금하겠습니다. 시계만 대신 받아 주시면 되고, 알바비로 20만 원을 드리겠습니다.

알바 입장에서는 본인이 돈을 내는 일도 아니고, 설명만 들으면 큰 문제가 없어 보입니다. 어렵지 않은 일에 3~4시간 투자로 20만 원을 받을 수 있다고 판단해 일을 수락하고 약속을 잡게 됩니다.

본격적인 사기 진행

이제 사기범은 해킹을 통해 피해자의 통장에서 뱅킹할 수 있는 준비를 마친 상태입니다. 동시에 범죄 표적이 된 롤렉스 시계 판매자와 거래 약속을 잡고, 시계를 받아 줄 알바까지 모두 확보한 완벽한 사기 계획을 완성합니다.

사기범: 2025년 2월 20일 시계 거래 가능하십니까?

시계 판매자: 네, 가능합니다.

사기범: 시간은 언제가 괜찮으신가요?

시계 판매자: 오후 1시 이후면 괜찮습니다.

사기범: 그럼 오후 2시에 서울 종로역 2번 출구 옆에서 뵙겠습니다.

시계 판매자: 알겠습니다.

사기범: 만나서 시계 확인 후 근처 시계 전문가에게 감정을 받고 이상이 없으면 바로 현금 거래로 진행했으면 합니다.

시계 판매자: 그렇게 하겠습니다.

사기범: 혹시 이중 거래를 방지하기 위해 보증서도 꼭 함께 부탁드립니다.

시계 판매자: 네, 알겠습니다.

사기범은 시계 판매자와 약속을 확정한 뒤, 알바와도 별도로 약속을 잡습니다.

사기범: 2025년 2월 20일 오후 2시 알바 가능하신가요?

알바: 네, 가능합니다.

사기범: 그럼 2월 20일 오후 2시에 종로역 2번 출구 앞에서 뵙겠습니다.

알바: 알겠습니다.

이 시점까지는 누구도 범죄가 발생할 것이라고 상상하지 못합니다.

거래 당일

2월 20일 오후 1시 40분경, 사기범은 시계 판매자에게 연락합니다.

사기범: 오늘 2시에 시계 거래로 뵙기로 한 사람입니다.

시계 판매자: 네.

사기범: 갑작스러운 일이 생겨 직원이 대신 나갈 예정입니다. 거래 방식은 동일합니다. 혹시 오늘 입으신 옷은 어떤가요?

시계 판매자: 청바지에 검은색 잠바, 흰색 모자를 쓰고 있습니다.

사기범: 잘 알겠습니다. 잘 부탁드립니다.

시계 판매자: 알겠습니다.

이후 사기범은 알바에게도 연락합니다.

사기범: 지금 어디쯤 오셨나요?

알바: 10분 정도면 종로역 2번 출구 도착합니다.

사기범: 도착하시면 청바지에 검은색 잠바, 흰색 모자를 쓴 분이 계실 겁니다. 시계 확인 후 바로 옆에 있는 종로 명품 시계 수리점으로 동행해 정품 여부와 상태를 먼저 확인해 주세요.

알바: 네, 알겠습니다.

해외에 있는 사기범은 이 모든 상황을 한국에 있는 공범에게 전달합니다. 공범은 약속 시간 전 종로역 2번 출구 인근에 도착해 판매자와 알바가 만나는 과정을 멀리서 감시합니다. 판매자와 알바 모두, 자신들을 지켜보고 있는 사람이 범죄자라는 사실을 전혀 인지하지 못합니다.

시계 인수 및 대금 송금

알바와 판매자는 함께 시계 전문가에게 감정을 받고, 정품이며 하자가 없다는 확인을 받습니다.

알바: 감정 결과 문제 없고, 시계 상태도 좋으며 보증서도 확인했습니다.

사기범: 알겠습니다.

사기범은 즉시 판매자에게 연락합니다.

사기범: 직원 말로는 시계에 문제가 없다고 합니다. 지금 바로 시계값 보내겠습니다. 계좌번호 알려주세요.

시계 판매자: 카카오뱅크 3333-3333-3333, 홍길동입니다.

사기범: 시계 상태가 너무 좋아서 깎았던 10만 원은 취소하고, 3,500만 원 그대로 입금하겠습니다. 입금 확인되면 시계와 보증서를 직원에게 전달해 주세요.

시계 판매자: 알겠습니다.

사기범은 미리 해킹해 둔 피해자의 통장에서 3,500만 원을 판매자 계좌로 송금합니다.

사기범: ○○ 이름으로 3,500만 원 입금했습니다.

시계 판매자: 입금 확인했습니다.

판매자는 시계와 보증서를 알바에게 전달하고 거래가 끝났다고 생각해 자리를 떠납니다. 그 사이 한국에 있는 공범은 알바가 시계를 들고 도망가지 않도록 밀착 감시합니다.

알바비 지급 및 시계 회수

해외에 있는 사기범은 알바에게 다시 연락합니다.

사기범: 오늘 수고 많으셨습니다.

알바: 아닙니다.

사기범: 약속한 알바비 20만 원을 입금해 드리겠습니다. 계좌번호 알려주세요.

알바: 신한은행 110-1111-1111, 마동석입니다.

사기범은 해킹된 피해자의 통장에서 알바 계좌로 20만 원을 추가 송금합니다.

사기범: 20만 원 입금했습니다. 마침 직원이 근처에 있으니, 검은색 추리닝을 입은 사람에게 시계를 전달해 주세요.

알바는 입금을 확인한 뒤 지시에 따라 시계를 전달하고 현장을 떠납니다.

사건 이후 당일 또는 하루 이틀 후, 해킹 피해자는 자신의 통장에서 돈이 사라진 사실을 인지하고 수사기관과 은행에 신고합니다. 그 결과 시계 판매자의 계좌로 3,500만 원이 입금된 내역이 확인되어 판매자의 모든 계좌가 즉시 지급 정지됩니다.

수사기관은 사실관계 확인을 위해 시계를 판매한 사람을 소환 조사합니다. 판매자는 모든 과정을 사실대로 설명하지만, 범죄자 취급을 받으며 계좌 정지는 쉽게 풀리지 않습니다.

만약 판매자가 시계 대금 3,500만 원 중 일부라도 다른 사람에게 이체했다면, 그 사람의 계좌 역시 연쇄적으로 정지됩니다. 알바비 20만 원을 받은 알바 또한 해킹 피해자의 돈을 받은 것으로 판단되어 모든 계좌가 정지됩니다.

오랜 조사와 재판 끝에 밝혀지는 결과는 대부분 동일합니다. 시계를 누가 가져갔는지는 알 수 없고, 알바를 검거하더라도 "알바만 했을 뿐"이라 주장하며 시계는 이미 다른 경로로 넘어가 현금화되어 회수 불가능한 상태입니다. 범죄자가 검거되더라도 피해금액을 돌려받기는 매우 어렵습니다.

결국 법원은 지급 정지된 시계 대금이 해킹 피해자의 돈이므로 반환하라는 판결을 내립니다. 이 과정에서 판매자는 계좌 정지와 함께 금융 질서 문란자로 등록되어 한국신용정보원에 공유되며, 최장 12년

간 신용카드 발급, 대출, 비대면 금융 거래에 제한을 받을 수 있습니다.

사기를 당해 울고, 소송 결과로 또 한 번 우는 국민들이 늘어나고 있는 이유입니다.

예방 방법

금, 고가의 시계, 상품권, 외화 등 즉시 현금화가 가능한 고가 물품은 개인 간 거래를 피하고, 금 거래소, 시계 거래소, 은행, 환전소 등 사업자와, 보증이 가능한 공식 기관을 통해 거래해야 이러한 피해를 막을 수 있습니다.

조금이라도 더 받으려다 물건을 잃고, 범죄자 취급을 받으며 금융 거래에 중대한 불이익을 당할 수 있으니 각별한 주의가 필요합니다.

알바 역시 입장을 바꿔 생각해 보시기 바랍니다. 고가의 현금을 주고 물건을 사려는 사람이 과연 신원도 모르는 사람에게 위험을 감수하며 이런 일을 맡길까요? 수천만 원이 오가는 거래라면 본인이 직접 하거나, 부득이할 경우 가족이나 가까운 지인에게 맡기는 것이 상식입니다.

시계, 금, 상품권, 명품 가방, 외화 등을 전달해 주는 대가로 큰돈을 벌 수 있는 알바는 존재하지 않습니다. 설령 몰랐다고 하더라도 사기 방조 또는 전기통신금융사기 피해 방지 및 피해금 환급에 관한 특별법에 따라 형사처벌을 받을 수 있으므로, 각별한 주의가 필요합니다.

경제적 절박함 이용 2

범죄 수익금 세탁 과정
'누구나 5,000만 원 대출을 해드리겠습니다'

**위의 정황(해킹된 피해자의 돈)으로
"누구나 대출 가능" 광고로 현혹해 돈을 세탁하는 방법**

살다 보면 경제가 어렵고 돈이 급하게 필요해 대출이 필요한 순간이 생깁니다. 사기범들은 이런 심리를 이용해 포털 사이트나 SNS에 "누구나 대출 가능"이라는 광고를 올리고, 도박 이용자나 불법 사채를 쓰는 사람들에게까지 접근합니다.

돈이 필요한 사람은 광고를 보고 전화를 하거나 SNS로 대화를 이어 가게 됩니다.

대화 시나리오

대출 희망자: 대출 광고 보고 연락드리는데요. 저도 대출이 가능할까요?

사기범: 저희는, 안 되는 대출도 윗선과 작업해서 진행합니다. 웬만하면 승인 납니다.

대출 희망자: 그럼 제가 어떻게 하면 되나요?

사기범: 우선 주거래 은행이 어디신가요?

사기범이 주거래 은행을 묻는 이유는 통장이 없으면 진행이 불가능하기 때문입니다. 또한 과거에 통장을 양도했거나 범죄 수익금 세탁에 연루된 이력이 있으면 금융 질서 문란자로 등록되어 비대면 거래가 제한되고 은행 감시 대상이 될 수 있는데, 사기범 입장에서는 이런 대상은 이용 가치가 떨어지기 때문입니다.

대출 희망자: 농협과 신한은행을 씁니다.

사기범: 그 외에 거래하는 통장은 없나요?

대출 희망자: 없습니다. (있다고 하면 사기범은 다른 방식으로 유도합니다.)

사기범: 그럼 지금 쓰는 농협과 신한은행 계좌는 한도 제한 계좌인가요, 아니면 한도 제한 해제 계좌인가요?

한도 제한 계좌는 직업이 불분명하거나 거래 이력이 적은 계좌가 통장 양도·대여에 악용되는 것을 막기 위해, 은행이 운영하는 금융 범죄

예방 제도입니다. 일반적으로 ATM 현금 출금은 30만 원, 계좌 이체는 100만 원 등으로 제한됩니다. 한도 제한을 해제하려면 장기간 정상 거래 이력 또는 근로계약서·재직증명서·급여명세서 등(사업자의 경우 사업자등록증, 임대차계약서, 세금계산서, 거래명세표 등) 정식 서류가 필요합니다.

대출 희망자: 한도 제한 해제 계좌입니다.

사기범이 이 부분을 확인하는 이유는, 해킹된 피해자 계좌에서 대출 희망자의 계좌로 돈을 보내고 난 뒤 어떤 방식으로 출금시키고 회수할지를 계산하기 위해서입니다. 한도 제한 계좌라면 창구 출금을 유도해야 하고, 한도 제한이 해제된 계좌라면 체크카드로 ATM에서 비교적 큰 금액을 출금시킬 수 있기 때문입니다.

대면 약속으로 유도

사기범: 그럼 내일 시간 되시나요?

대출 희망자: 시간은 되는데, 대출은 정말 되나요?

사기범: 저희도 바쁜 사람들입니다. 가능성이 있으니까 움직이는 겁니다.

대출 희망자: 대출이 나오면 얼마 정도 가능할까요?

사기범: 1~2천만 원 같은 작업은 안 합니다. 수수료도 5% 받아야 하

니 최소 1억은 해야죠.

대출 희망자: 그럼 진행 전에 제가 내야 하는 돈이 있나요? 요즘 사기가 많아서요.

사기범: 진행 전에 수수료, 작업비, 서류비 달라는 건 전부 사기입니다. 대신 1억 나오면 수수료 5%, 즉 500만 원은 주셔야 합니다.

사기범은 "선입금은 없다"는 말을 이용해 자신이 사기범이 아니라는 인상을 줍니다. 대출 희망자도 돈이 급하고, 사전에 들어가는 비용이 없으니 상대적으로 안전하다고 착각해 동의하게 됩니다.

약속 장소 선택

사기범들은 지리를 잘 알고, 주변에 은행 ATM이 많거나 대출 희망자의 주거래 은행이 가까운 장소의 카페를 고릅니다. 또한 사기범이 '갑'인 상황을 이용해, 대출 희망자가 멀리 이동하도록 유도합니다. 예를 들어 대출 희망자는 서울에 있고 현장 공범이 부산에 있으면, 공범이 서울로 움직이기보다 대출 희망자가 부산으로 내려오게 만드는 식입니다.

사기범: 내일 부산 덕천동역 3번 출구 앞 스타벅스에서 오후 2시에 뵙겠습니다.

서류는 인감, 등본, 주거래 은행 통장, 도장, 체크카드, OTP 카드, 신분증을 챙겨 오시면 됩니다. 작업 대출은 보안이 중요하니 혼자 오셔야 합니다.

이 서류들은 준비 과정에서 비용이 거의 들지 않기 때문에, 대부분 부담 없이 챙겨 오게 됩니다.

대출 희망자: 대출 나오는 기간은 얼마나 걸리나요?

사기범: 빠르면 3일, 늦어도 5일 안에는 나옵니다.

대출 희망자는 '5일 안에 1억 대출'이라는 희망에 기대어 부산으로 이동합니다.

당일: 현장 공범 감시 + 자금 세탁 실행

약속 장소에는 지시하는 사기범이 아닌 다른 공범이 미리 도착해 있습니다. 지시를 내리는 사기범은 해외에 있을 가능성이 높고, 현장을 감시하는 공범은 해외 총책과 신뢰 관계로 움직입니다.

해외 사기범: 어디까지 오셨나요?

대출 희망자: 지금 도착했습니다. 덕천점 스타벅스입니다.

해외 사기범: 제가 갑자기 일이 생겨 조금 늦겠습니다. 그래도 대출 진행은 하겠습니다.

해외 사기범 : 옷은 어떤 걸 입고 계세요? 사진 찍어서 보내주시겠어요?

대출 희망자 : 검은색 바지에 하얀색 남방입니다.

해외 사기범 : 알겠습니다. 농협 통장과 신한은행 통장 사진 찍어서 톡으로 보내 주세요. 인감이랑 신분증 사진도요.

대출 희망자 : 이거 불법 아니죠?

해외 사기범 : 대출 진행에 통장, 인감, 신분증이 필요한 건 당연하지 않나요? 불안하시면 진행 안 하셔도 됩니다.

대출 희망자는 이미 서울에서 부산까지 내려왔고 돈이 급하다는 이유로 진행을 결정하는 경우가 많습니다. 만약 망설이면 사기범은 "바쁜 사람 시간 뺏어 놓고 지금 뭐 하는 겁니까?" 같은 말로 압박하며 회유합니다.

해외 사기범은 공범에게 대출 희망자의 인상착의를 전달하고, 공범은 대출 희망자를 특정한 뒤 감시를 시작합니다.

"거래 내역 맞추기"라는 미끼

해외 사기범: 신용점수가 낮아서 거래 내역을 맞춰야 합니다. 제가 농협 계좌로 2천만 원을 보내 드릴 테니 찾아서 가지고 계세요. 한 시간 안에 제가 가서 다시 받아가겠습니다. 작업 대출은 보안이 중요하니 은행 직원에게 들키면 안 됩니다. 창구에서 돈 출금 이유를 물으면 전세 자금이 급해서

쓴다고 하세요.

이후 해외 사기범은 미리 해킹해 둔 피해자의 통장에서, 피해자도 모르는 사이 2천만 원을 대출 희망자의 농협 계좌로 이체합니다.

해외 사기범: 지금 2천만 원 입금됐으니 덕천지점 농협 창구로 가서 출금하세요.

대출 희망자는 이것이 대출 진행 절차라고 착각하고 은행으로 이동합니다. 감시 중이던 공범은 대출 희망자가 신고하거나 도망치지 않는지 들키지 않게 미행합니다.

이 시점에는 해킹 피해자가 아직 피해 사실을 인지하지 못했을 수도 있고, 신고가 접수되지 않아 지급 정지가 걸리지 않은 상태일 수 있습니다. 대출 희망자는 사기범이 시킨 대로 "전세 자금이 급해서 출금한다"고 말하며 창구에서 현금을 수령합니다. 은행 직원도 신고 접수가 없는 상태에서 통장 명의자가 출금을 요청하니, 정상 거래로 보고 업무를 처리하는 경우가 발생합니다.

해킹 피해 계좌의 잔액이 많다면 이런 방식으로 창구 출금을 반복시키고, 금액이 1,200만 원 이하라면 농협 600만 원, 신한 600만 원처럼 나눠 입금해 ATM 출금을 지시하는 방식도 사용됩니다.

대출 희망자가 무사히 출금을 마치면, 사기범은 현금을 공범에게 전달하도록 유도합니다.

> **해외 사기범**: 거래 내역은 맞춰 놨고, 지점장에게도 얘기해 놨습니다. 제 직원이 근처에 있으니 2천만 원을 전달하고 오늘은 돌아가세요. 빠르면 내일, 늦어도 3일 안에 1억 대출이 승인될 겁니다. 승인되면 약속대로 수수료 5%는 지켜 주세요.

대출 희망자는 현장에 있던 공범에게 2천만 원을 전달하고 헤어집니다.

결론: 며칠 뒤 벌어지는 일

당일 또는 하루 뒤, 해킹 피해자가 돈이 사라진 사실을 인지하고 은행과 수사기관에 신고합니다. 그러면 2천만 원이 입금된 대출 희망자의 계좌가 지급 정지되고, 본인 명의의 통장과 카드(신용카드, 체크카드)까지 정지되는 일이 발생합니다.

대출 희망자가 수사기관에 출석해 사실대로 설명하더라도, 통화한 휴대폰과 SNS 계정은 타인 명의의 대포폰·대포계정인 경우가 많아 특정이 매우 어렵습니다. "나도 피해자다"라고 호소해도 전기통신금융사기 피해 방지 및 피해금 환급에 관한 특별법 등으로 형사·민사 책임이 문제 될 수 있습니다.

예방 방법

대출은 '거래 내역을 맞춘다'거나 '은행에 아는 사람이 있다'는 방식으로 진행되는 것이 아닙니다. 대출은 신용평가 기관의 신용도와 금융 기관의 심사 기준에 따라 결정됩니다. 토스, 나이스(NICE), KCB 등에서 신용 조회를 해도 안 된다고 나오는 경우, 누가 와서 "작업"한다고 해서 해결되는 구조가 아닙니다.

대출이 급하다고 해서 사기범과 대화를 이어가다 보면 금융 질서 문란자로 등록되어 최장 12년간 대출, 카드 발급, 비대면 금융 거래에서 불이익을 받을 수 있고, 형사·민사 책임까지 이어질 수 있다는 점을 반드시 인지하셔야 합니다.

긴급 상황을 만들고
동정심을 자극하는 방법

메신저 피싱

'지금 급하게 돈을 보내야 하는데..'

스마트폰이 악성코드에 감염되고 각종 권한이 허용되면, 사기범들은 전화 수·발신을 가로채거나 문자 내용을 감시하고, 문자와 메신저를 자유롭게 보낼 수 있는 상태가 됩니다. 이후 휴대폰에 저장된 가족, 지인, 회사 동료를 대상으로 긴급한 상황을 가장해 사기를 저지릅니다.

실제 대화 사례

사기범: 지금 급하게 처리해야 할 일이 있는데 OTP 카드를 집에 두고 와서 뱅킹을 못 하고 있어. 500만 원만 먼저 입금해 줄 수 있을까? 오늘 저녁에 집에 들어가면 바로 돌려줄게.

지인: 통화 가능해?

사기범: 지금 회의 중이라 전화받을 상황이 아니야. 점심때 전화할게.

일단 내가 보내는 계좌로 송금 좀 부탁해.

지인: 알겠어. 계좌번호 보내줘. 저녁에 꼭 연락 줘.

사기범: 고맙다.(미리 준비한 대포통장 계좌를 전송합니다.)

카카오뱅크 3333-3333-3333, 이기동

지인: 응 보낼게.

사기범: 혹시 나중에 돈 받을 계좌도 하나 보내 줄래?

지인: 신한은행 110-3333-3333, 전상재

지인은 돈을 송금한 뒤에도 연락이 되지 않으면, 그제야 사기라는 사실을 인지하고 신고하게 됩니다.

이러한 사기는 휴대폰이 해킹된 사람의 신뢰도에 따라 피해 규모가 커집니다. 평소 신용이 낮고 약속을 잘 지키지 않는 사람이라면 주변에서 쉽게 돈을 빌려주지 않겠지만, 신용이 좋고 사업을 하며 약속을 잘 지키는 사람일수록 "설마"라는 생각으로 송금하는 경우가 많습니다.

예방 방법

아무리 신뢰가 깊고, 평소 금전 거래에서 약속을 잘 지키는 사람이라 하더라도 반드시 통화를 통해 직접 확인해야 합니다. 사기범들은 항상 "회의 중", "미팅 중", "지금은 통화가 어렵다"는 등 바쁜 상황을 만

들어 통화를 피하려고 합니다.

돈을 빌리는 만큼 급한 상황이라면, 통화를 피할 이유가 없습니다. 통화를 회피할 경우에는 반드시 사기를 의심해야 합니다. 또한 사기범들은 대부분 타인 명의의 대포통장을 사용하기 때문에, 돈을 빌려 달라는 사람이 보내온 계좌가 본인 명의가 아닐 경우에도 각별한 주의가 필요합니다.

금전을 빌려줄 때는 반드시 통화로 본인 확인을 한 뒤, 빌려 달라고 한 사람의 본인 명의 계좌로만 송금하고 처리하는 것이 가장 안전하고 현명한 방법입니다.

긴급 상황을 만들고
동정심을 자극하는 방법 2

메신저 피싱

'엄마 신용카드, 신분증 사진 좀 찍어줘!'

아래는 사기범이 대포통장 없이 사기를 치는 수법입니다.

가족 사칭 카드 정보 탈취 수법

사기범: 엄마, 지금 너무 바빠요!

엄마: 아니, 왜 무슨 일이야?

사기범: 휴대폰 액정이 깨져서 수리 맡겼어요. 지금 컴퓨터로 문자하
고 있는데, 급하게 뭔가를 사야 해서 신용카드 사진 좀 찍어
보내 주세요.

엄마: 신용카드는 왜 필요한데?

사기범: 상품권을 좀 사야 해요.

엄마: 상품권은 왜 사는데?

사기범: 쓸 데가 있어요. 휴대폰 수리 끝나면 결제한 돈 바로 보내 드릴게요.

엄마: 얼마짜리 사면 돼?

사기범: 10만 원이면 돼요.

엄마: 알겠다. 조심해서 다녀라.

사기범: 고마워요. 신용카드 앞뒤 사진이랑 엄마 신분증도 같이 찍어 보내 주시고, 카드 비밀번호도 알려 주세요.

엄마: 알겠다.

이처럼 사기범은 딸이나 아들을 사칭해 신용카드 정보, 비밀번호, 주민등록증 정보를 탈취합니다. 이후 해당 정보로 모바일 상품권을 구매합니다. 피해 금액은 10만 원에 그치지 않고, 카드사와 한도에 따라 30만 원에서 많게는 100만 원 이상까지 발생할 수 있습니다.

모바일 상품권은 상품권 번호만 있으면 즉시 현금화가 가능하기 때문에, 이미 사용된 상품권은 환불이 거의 불가능합니다. 따라서 피해가 발생하면 금전적 손실을 되돌리기 매우 어렵습니다.

예방 방법

이러한 경우에도 반드시 가족과 직접 통화해 사실을 확인한 후 처리하는 것이 가장 안전한 방법입니다. 문자나 메신저만으로 급한 상황을 전달받았을 때는 즉시 의심해야 합니다.

가족 간에는 미리 단체 대화방을 만들어 간단한 암호를 정해 두고, 금전이나 개인정보가 오가는 상황에서는 반드시 암호를 확인한 뒤 처리하는 것이 좋습니다. 예를 들어 "암호를 대세요"라는 질문에 사전에 정해 둔 답이 나오지 않으면, 어떤 상황에서도 응하지 않는 원칙을 세우는 것이 현명합니다.

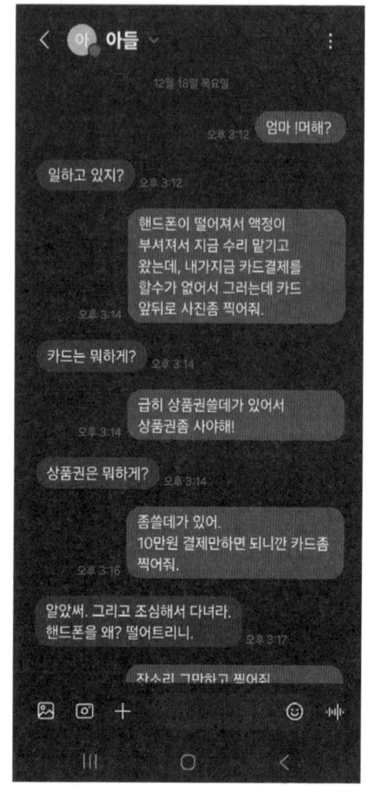

해킹된 스마트폰에서 사기범이 아들을 사칭해 부모님께 보낸 문자 내역

범죄의 심리학

자녀 보호 본능 공격

딥페이크, 딥보이스 기술

'당신의 자녀를 납치했으니, 돈을 보내세요'

사기범들은 앞서 보신 것처럼

"택배가 도착했습니다", "카드 결제가 이루어졌습니다", "돌잔치·부고장·청첩장" 등 다양한 방식으로 궁금증을 유발하거나 권위를 위장해 앱을 내려받게 합니다. 이후 권한을 허용한 피해자의 스마트폰에 침투해 저장된 이미지, 영상, 연락처를 확보하고, 이를 바탕으로 딥페이크·딥보이스 기술을 활용한 고도화된 사기 행각을 벌입니다.

실제 사기 시나리오 (납치 협박형)

사기범: 홍길동 씨 어머니 되시죠?

피해자: 네, 누구신가요?

사기범: 홍길동 씨가 사채 보증을 섰는데 해결이 안 돼서 현재 저희가 데리고 있습니다. (사기범들은 캄보디아, 중국, 베트남, 라오스, 필리핀, 미얀마 등 해외에 있음)

피해자: 우리 아들 길동이를 데리고 있다고요?

사기범: 몇 번을 말해야 합니까. 이제부터 같은 말 반복 안 합니다.

(수화기 너머로 아들과 비슷한 목소리로 울먹이며 "살려 달라"는 음성과, 또 다른 사람이 윽박지르는 소리가 들립니다.)

피해자: 얼마를 해결해야 하나요?

사기범: 원금이 3천만 원이고 이자까지 5천만 원입니다. 오늘 안으로 3천만 원이라도 정리해야 아들을 무사히 볼 수 있습니다.

(계속해서 울먹이는 아들 음성과 욕설, 협박이 이어집니다.)

피해자: 아들 목소리 한 번만 직접 들어봅시다.

사기범: 여기는 이산가족 상봉하는 곳 아닙니다. 부모님이 채무를 해결할 의지가 있는지만 말씀하세요.

피해자: 시간을 좀 주셔야죠. 3천만 원이 당장 어디 있습니까?

마침 옆에 있던 남편은 최근 보이스피싱 사례가 많다는 점이 떠올라, 메모지에 "홍길동 납치? 길동에게 직접 전화해 볼 것"이라고 적어 아들에게 전화를 걸어 보게 합니다.

아버지가 아들 홍길동에게 전화를 걸어 보지만, 전화를 받지 않습니다.

이는 사기범들이 이미 홍길동의 스마트폰에 악성 앱을 설치해 진동·벨을 무음으로 설정하고, 전화 수신 화면을 가려 알림을 숨겼기 때문입니다. 홍길동은 전화가 온 사실조차 알 수 없습니다.

이어 사기범들은 완벽한 납치 상황을 연출하기 위해, 통화 기록을 삭제한 뒤 발신 번호를 조작해 아들의 번호로 아버지에게 전화를 겁니다. 실제로 아들 휴대폰에서 거는 전화가 아니라, 발신 번호만 아들 번호로 위장한 전화입니다.

아들 이름으로 전화가 걸려옵니다.

사기범: (아들 목소리로 울먹이며) 보증을 잘못 서서 이렇게 됐어요. 지금 해결 안 되면 무슨 일이 생길지 몰라요. 살려 주세요.

이 목소리는 사기범들이 미리 확보한 홍길동의 SNS 영상이나 휴대폰에 저장된 음성을 딥보이스 기술로 편집한 가짜 음성입니다. 이미 극도의 공포 상태에 놓인 부모 입장에서는, 아들 번호로 전화가 오고 아들 목소리로 살려 달라고 울먹이니 진위 여부를 구별하기가 매우 어렵습니다.

다시 사기범이 전화를 이어받습니다.

사기범: 장난 그만하시죠. 저희도 바쁩니다. 돈만 받으면 끝입니다. 빨리 결정하세요. 아니면 캄보디아로 넘기거나, 돈 다 갚을 때까

지 일을 시킬 수밖에 없습니다. 경찰에 신고하는 순간 아들은 다시는 못 봅니다. 판단은 부모님 몫입니다.

이 시간에도 실제 홍길동은 회사에서 정상적으로 일을 하고 있으며, 이런 일이 벌어지고 있다는 사실을 전혀 모르고 있습니다.

부모가 번갈아 가며 아들에게 전화를 걸어도 계속 통화가 되지 않자, 정말 납치된 것 같다는 공포에 휩싸입니다. 신고하면 아들이 해를 입을까 두려워 신고조차 하지 못한 채, 결국 사기범이 불러주는 계좌로 돈을 송금합니다.

하지만 송금은 한 번으로 끝나지 않습니다. 사기범들은 "돈이 있는 집안"이라고 판단하면 계속해서 추가 송금을 요구합니다. 결국 재산이 모두 털리고 나서야 사기임을 인지하고 경찰에 신고하게 됩니다.

예방 방법

이러한 전화를 받으면, 사기를 당했든 아니든 가족의 마음이 편할 수는 없습니다. 그러나 나의 휴대폰이 악성 앱에 감염되고 권한을 허용하면, 내 가족과 지인까지 피해자가 될 수 있다는 사실을 반드시 인식해야 합니다. 평소에도 악성 앱 감염 여부를 수시로 점검하는 습관이 필요합니다.

이와 같은 사건은 실제 납치일 가능성이 매우 낮습니다. 가족과 연락이 되지 않을 경우에는, 평소 자녀나 가족이 이 시간대에 어디에 있는지 확인하고, 학교·학원·회사·직장·담당 교사나 상사의 연락처를 통해 제3의 경로로 안전 여부를 반드시 확인해야 합니다.

돈을 준다고 해결될 일은 없습니다. 이런 전화를 받았을 때는 가까운 경찰서에 즉시 신고하는 것이 가장 현명하고 안전한 대응 방법입니다.

권위 위장, 결제 오류 공포 이용

기업, 경찰, 검찰 사칭

‘휴대폰 소액 결제가 이루어졌습니다.’

“신용카드가 결제되었습니다.” “소액 결제가 이루어졌습니다.” 사기범들은 불특정 다수에게 “청소기 구매”, “안마기 결제”, “노트북 결제” 등 소액 결제 또는 카드 결제가 이루어졌다는 문자를 무작위로 발송합니다.

이 문자를 받고 실제로 결제한 적이 없는 사람들이 항의 전화를 걸게 되면, 그 순간부터 범죄 표적이 됩니다.

1차 접촉: 가짜 고객센터

피해자: 아마존 맞습니까?

사기범 1: 네. 무슨 일로 전화 주셨을까요?

피해자: 청소기를 구매한 적이 없는데, 휴대폰 소액 결제가 되었다는 문자를 받아서 전화드렸습니다.

사기범 1: 청소기를 구매한 적이 없는데 결제가 되었다는 말씀이시죠?

피해자: 네.

사기범 1: 그럼 사실 확인이 필요합니다. 결제된 휴대폰의 본인 맞으시죠?

피해자: 네, 맞습니다.

사기범 1: 성함, 전화번호, 주민등록번호, 주소를 한 번 불러 주시겠습니까?

피해자: 주민등록번호까지 말씀드려야 하나요?

사기범 1: 결제 취소 처리를 하려면 필요합니다. 불편하시면 서울 종로에 있는 저희 영업점을 직접 방문하셔도 됩니다. 다만 방문 전까지는 결제 취소 처리가 어렵습니다.

피해자: 알겠습니다.

이름은 홍길동, 주민등록번호는 830702-1******,

전화번호는 010-0000-0000,

주소는 부산시 사하구 ○○동 현대아파트 101동 ○○○호입니다.

사기범 1: 확인하겠습니다.

이름 홍길동, 전화번호 010-0000-0000,

부산시 사하구 ○○동 현대아파트 101동 ○○○호 맞으십니까?

피해자: 네, 맞습니다.

사기범 1: 확인 결과 청소기 39만 8천 원 결제가 되어 있습니다. 홍길동 님께서는 구매한 사실이 없다는 말씀이시죠?

피해자: 네, 그렇습니다.

사기범 1: 결제는 취소 처리해 드렸습니다. 배송 전에 연락 주셔서 다행입니다. 최근 개인정보 유출로 이런 사건이 많아, 2차 피해 방지를 위해 관할 경찰서에도 신고를 접수해 드리겠습니다. 경찰서에서 연락이 가면 휴대폰 보안 강화 서비스 신청에 협조해 주셔야 합니다. 협조하지 않으시면 불이익이 있을 수 있습니다.

피해자: 청소기 결제는 취소된 거죠?

사기범 1: 네, 취소되었습니다.

피해자: 알겠습니다.

사기범 1: 저는 아마존 담당자 이진모였습니다.

2차 접촉: 가짜 경찰

그로부터 잠시 후, 또 다른 전화가 걸려옵니다.

사기범 2: 홍길동 씨 맞으십니까?

피해자: 네, 어디시죠?

사기범 2: 부산경찰청 지능범죄수사팀 강지훈 팀장입니다. 아마존 측에서 명의 도용 사건으로 연락을 받아 전화드렸습니다. 청소기 39만 8천 원 결제한 사실 없으신데 결제된 건 맞죠?

피해자: 네, 맞습니다.

사기범 2: 결제는 취소되었지만, 명의 도용으로 추가 피해가 발생했을 가능성이 있습니다. 문자로 보안 강화 백신을 보내 드릴 테니, 지금 통화를 스피커폰으로 하시고 파일을 내려받으십시오. 권한 요청이 뜨면 전부 '허용'을 누르셔야 합니다.

피해자: (경찰이라는 말에 안심하고) 네, 알겠습니다.

피해자는 악성 파일을 내려받고, 원격 제어·접근 권한을 모두 사기범에게 넘기게 됩니다.

이제 피해자의 휴대폰은 전화 발신·수신 차단, 문자 감시 및 조작, 위치 추적, 원격 조종이 가능한 완전한 '좀비폰' 상태가 됩니다.

공포 조성 단계

사기범 2: 수사 중이니 변동 사항이 있으면 연락드리겠습니다. 전화는 반드시 받으셔야 하고, 협조하지 않으면 불이익이 있을 수 있습니다.

피해자: 네, 협조하겠습니다.

10분~15분 후 다시 전화가 옵니다.

사기범 2: 홍길동 씨 맞으시죠?

피해자: 네.

사기범 2: 상황이 좀 심각합니다. 혹시 전라도에 사는 82년생 전상태 씨 아십니까?

피해자: 잘 모릅니다.

사기범 2: 그럼 충청도에 사는 80년생 김태진 씨는요?

피해자: 그분도 모릅니다.

사기범 2: 2주 전 부산청에서 불법 도박 사이트 조직 34명을 검거했는데, 그 현장에서 홍길동 씨 명의의 농협 통장이 발견되어 압수되었습니다.

피해자: 저는 전혀 모르는 일입니다.

사기범 2: 지금 범죄 현장에서 홍길동 씨 명의의 대포통장이 발견됐기 때문에 조사가 필요합니다. 혹시 대가를 받고 통장을 양도하거나 대여한 적 있습니까?

피해자: 그런 적 전혀 없습니다.

사기범 2: 만약 사실이라면 명의 도용 사건이고, 통장을 양도·대여했다면 전자금융거래법 위반으로 형사·민사 처벌 대상입니다.

법률 용어와 처벌을 언급하며 압박이 시작됩니다.

고립 유도

사기범 2: 지금 옆에 누가 있습니까?

피해자: 혼자 있습니다. (만약 누군가 옆에 있다고 하면, "녹취에 잡음이 생긴다", "진술이 오염된다"는 이유로 사람 없는 곳, 모텔 등으로 이동시키려 합니다.)

사기범 2: 협조하지 않거나 연락이 되지 않으면 증거 인멸, 도주 우려로 체포·구속 영장이 발부될 수 있습니다. 불이익을 받지 않으려면 협조하십시오.

피해자: 네, 알겠습니다.

자산 파악 단계

사기범 2: 현재 사용 중인 계좌가 농협 말고 또 있습니까?

피해자: 우리은행과 신한은행이 있습니다.

사기범 2: 거짓말하면 상황이 더 심각해집니다. 죄가 없다면 금방 끝나니, 정확히 말씀하세요.

피해자: 안 쓰는 통장이 하나 더 있긴 합니다.

사기범 2: 잔액은 있습니까?

피해자: 없습니다.

사기범 2: 그럼 진술을 시작하겠습니다. 녹음합니다.

사기범 2: 우리은행 잔액은 얼마입니까?

피해자: 5천 5백만 원 있습니다.

사기범 2: 무슨 돈입니까?

피해자: 일해서 모은 돈과 보험금입니다.

사기범 2: 거짓말하면 가족까지 불이익을 받을 수 있습니다.

사기범 2: 신한은행 잔액은요?

피해자: 전세 이사 준비금으로 2억 원 있습니다.

사기범 2: 정상적인 자금 맞습니까?

이 시점에서 사기범들은 위조된 압수수색 영장 이미지, 가짜 공문서를 만들어 전송합니다. 해외 사무실에서 불과 몇 분이면 제작이 가능합니다.

이후 단계에서 피해자는 "자금 출처 소명", "계좌 보호 조치", "임시 보관" 등의 명목으로 모든 자산을 스스로 이체·출금하도록 유도당하게 됩니다.

이때부터는 돌이킬 수 없는 피해로 이어집니다.

사기범 2: (미리 준비한 검찰청 로고가 찍힌 압수수색 영장을 카카오톡 파일로 보내며) 지금 카톡으로 압수수색 영장을 보냈습니다. 한번 확인해 보세요.

피해자: 네, 확인했습니다. 그럼 제가 어떻게 하면 됩니까? (보낸 사람의 카카오톡 프로필에는 검찰 로고가 있고, 파일을 열어 보니 실제로 홍길동 씨 계좌를 압수수색한다는 내용이 적혀 있습니다.)

이 시점에서 사기범들은 다음과 같이 설명합니다.

대포통장이 여러 개 준비되어 있을 경우,

"이 돈이 범죄수익금인지 정상 자금인지 검찰에서 수사를 해야 하므로, 수사가 끝나기 전까지는 자금을 은닉하거나 사용하지 못하도록 안전한 계좌로 옮겨 보관해야 한다"라고 말합니다.

만약 사기범 측에 준비된 통장이 없다면,

"직원을 보낼 테니 현금으로 출금해 직원에게 전달하라"고 지시합니다.

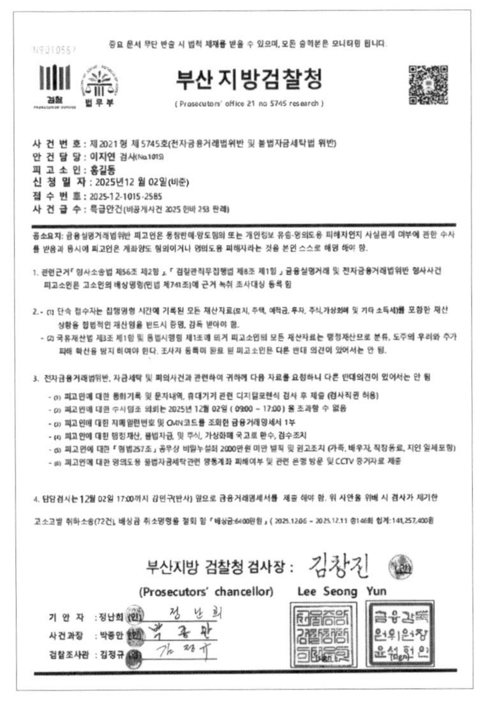

중요 문서 무단 반출 시 법적 제재를 받을 수 있으며, 모든 승학분은 모니터링 됩니다.

부산 지방검찰청

(Prosecutors' office 21 no 5745 research)

사 건 번 호 : 제2021형 제5745호(전자금융거래법위반 및 불법자금세탁법 위반)
안 건 담 당 : 이지연 검사(No.1015)
피 고 소 인 : 홍길동
신 청 일 자 : 2025년 12 월 02일(비준)
접 수 번 호 : 2025-12-1015-2585
사 건 급 수 : 특급안건(비공개사건 2025 헌바 253 판례)

공소요지: 금융실명거래법위반 피고인은 통장판매·양도혐의 또는 개인정보 유출·명의도용 피해자인지 사실관계 여부에 관한 수사를 받음과 동시에 피고인은 계좌양도 혐의이거나 명의도용 피해자라는 것을 본인 스스로 해명 해야 함.

1. 관련근거「 형사소송법 제56조 제2항 」「 검찰관직무집행법 제8조 제1항 」 금융실명거래 및 전자금융거래법위반 형사사건 피고소인은 고소인의 배상명령(민법 제741조)에 근거 녹취 조사대상 등록 함

2. - (1) 단속 접수자는 집행명령 시간에 기록된 모든 재산자료(토지, 주택, 예적금, 투자, 주식,가상화폐 및 기타 소득세)를 포함한 재산 상황을 합법적인 재산임을 반드시 증명, 감독 받아야 함.
   - (2) 국유재산법 제3조 제1항 및 동법시행령 제1조에 띄거 피고소인되 모든 재산자료는 행정재산므로 분류, 도주의 우리와 추가 피해 확산을 방지 히여야 한다. 조사자 등록미 완료 될 피고소인은 다른 반대 의견이 있어서는 안 됨.

3. 전자금융거래법위반, 자금세탁 및 피의사건과 관련하여 귀하께 다음 자료를 요청하니 다른 반대의견이 있어서는 안 됨
   - (1) 피고인에 대한 통화기록 및 문자내역, 휴대기기 관련 디지털포렌식 검사 후 제출 (검사직권 허용)
   - (2) 피고인에 대한 수사협조 의뢰는 2025년 12월 02일 (09:00 ~ 17:00) 을 초과할 수 없음
   - (3) 피고인에 대한 자폐밀런번호 및 OMN코드를 조회한 금융거래명세서 1부
   - (4) 피고인에 대한 행정재산, 불법자금, 및 주식, 가상화폐 국고로 환수, 검수조치
   - (5) 피고인에 대한「 형법257조 」공무상 비밀누설죄 2000만원 미만 벌직 및 권고조치 (가족, 배우자, 직장동료, 지인 일체포함)
   - (6) 피고인에 대한 명의도용 불법자금세탁관련 명통계좌 피해여부 및 관련 은행 방문 및 CCTV 증거자료 제출

4. 담당검사는 12월 02일 17:00까지 김민규(판사) 앞으로 금융거래명세서를 제출 해야 함. 위 사안을 위배 시 검사가 제기한

고소고발 취하소송(72건), 배상금 취소명령을 철회 함「 배상금:6400만원 」(2025.12.06 ~ 2025.12.11 총146회 합계:141,257,400원)

부산지방 검찰청 검사장 : 김창진

(Prosecutors' chancellor)　　　Lee Seong Yun

기 안 자 : 정난희 (인)　정 난 희
사 건 과 장 : 박종안 (인)
검 찰 조 사 관 : 김정규 (인)

피해자를 권위로 겁박하기 위해 만든 가짜 검찰청 압수수색 영장

출금 조건 설명으로 신뢰 형성

2억 5천 5백만 원을 출금하려면 한도 제한 계좌가 아닌 한도 해제 계좌가 필요합니다. 한도 제한 계좌는 1일 현금 출금 30만 원, 1일 이체 한도 100만 원으로 제한되기 때문에, 2억 5천 5백만 원을 단기간에 현금화하는 데 전혀 쓸모가 없다는 논리를 펴며 피해자를 설득합니다.

공포와 권위로 강제 이체 유도

피해자는 체포·구속 영장, 압수수색, 가족 불이익까지 언급하며 협박하고, 경찰·검사가 시키는 일이라고 하니 지시에 따를 수밖에 없습니다. (이 과정에서 피해자가 의심해 실제 경찰에 전화를 걸어도, 이미 설치된 악성코드 때문에 특정 번호 발신이 차단되고 사기범에게 연결됩니다.)

피해자가 112로 신고하려 해도, 사기범들은 112 발신을 차단한 뒤 사기범의 전화로 연결시키기 때문에 마치 신고 전화가 연결된 것처럼 착각하게 됩니다. 그래서 전화를 끊지 못하게 계속 붙잡아 두는 것입니다.

'안전 계좌'라는 명목의 대포통장 이체

사기범 2: "수사 중인 사안이 맞습니다. 수사가 끝날 때까지 불이익을 받지 않으려면 잔액을 안전한 계좌로 보관해야 합니다."

이후 미리 준비된 대포통장 계좌를 전달합니다.

사기범 2 : 카카오뱅크 3333-3333-3333, 심혁보, 이 계좌로 입금하십
시오.

뱅킹이 어려운 피해자 대상 추가 작업

피해자가 모바일 뱅킹에 익숙하지 않거나, 1일 이체 한도가 낮은 경
우에는 다음 단계로 넘어갑니다.

피해자: 모바일 뱅킹도 안 되어 있고, 이체 한도도 1천만 원이라 송금
이 안 됩니다.

사기범 2: 지금 있는 곳에서 가장 가까운 우리은행이나 신한은행이 어
디입니까?

피해자: 100미터 정도 거리에 있습니다.

사기범 2: 신분증, 통장, 도장을 들고 은행 창구로 가서 은행 직원에게
이체를 요청하시면 됩니다. 한도가 1천만 원이니 우선 1천
만 원부터 입금하십시오.

이 시점에서 사기범들은 피해자가 완전히 세뇌되었다고 판단하고,
소액부터 반복적으로 편취를 시작합니다.

단계적 자금 탈취

2천만 원이 입금되면, 피해자를 우리은행과 신한은행으로 이동시켜

나머지 2억 3천 5백만 원의 입금을 지시합니다.

> **사기범 2:** "오늘 안에 입금하지 않으면 범죄수익금 은닉으로 간주해 즉시 영장을 발부하겠습니다. 다른 생각 하지 마십시오."

고립 지시

> **사기범 2:** 수사 중인 사안은 보안이 중요하므로 은행 직원, 가족, 지인 누구에게도 이야기하지 마십시오. 은행 직원이 왜 이렇게 큰돈을 이체하느냐고 묻거든 '이사 자금으로 사용한다'고만 말씀하세요. 요즘 은행 직원 횡령 뉴스 많이 보셨죠? 은행 직원도 믿을 수 없습니다.

이런 말로 피해자의 판단력을 완전히 차단합니다.

지연 인출 30분의 함정

대포통장으로 100만 원 이상 입금되면 지연 인출 제도로 인해 30분 동안 출금·이체가 불가능합니다.

이 30분 안에 신고가 접수되면 계좌는 즉시 지급 정지됩니다.

그래서 사기범들은 이 30분 동안 끊임없이 전화를 걸며 회유·협박· 감언이설로 신고를 막습니다.

최종 세탁 단계

30분이 지나면 사기범 조직은 현금 출금, 상품권 구매,암호화폐 전환 등의 방식으로 자금을 세탁합니다. 이후에도 범행은 끝나지 않습니다.

"집, 땅, 자동차, 시계, 목걸이도 범죄수익으로 산 것 아니냐"며 대출까지 유도해 피해자가 사기를 인지할 때까지 모든 재산을 탈취합니다.

예방 방법

카드 결제·소액 결제 문자를 받으면 가장 먼저 발신 번호를 확인하십시오. 카드사·은행의 공식 대표 번호인지, 기존 거래 알림 번호인지 확인해야 합니다. 문자에 적힌 번호로 바로 전화하지 말고, 직접 해당 기관의 대표 번호를 찾아 전화해 확인하는 것이 안전합니다. 공공기관·금융기관·수사기관은 절대 돈을 보내라, 이체하라, 보관하라, 전달하라고 요구하지 않습니다. 이런 요구를 하는 사람은 100% 사기라는 사실을 반드시 인지하셔야 합니다.

평범한 일반인이 범죄에 점점 깊게 빠져드는 과정

범죄수익금 수거책

'채권 추심, 채권 수금, 신용정보회사 직원 구합니다'

만약 사기범 측에 준비된 통장이 없다면, "직원을 보낼 테니 현금을 출금해 저희 직원에게 전달하라"고 지시합니다.

앞선 정황과 유사하지만, 최근에는 대포통장을 구하기가 점점 어려워지고 있습니다. 보이스피싱에 사용되는 통장도 은행의 신속한 대응으로 지급 정지가 빠르게 이루어지며, 큰 금액을 인출하려면 여러 개의 대포통장이 필요하기 때문입니다.

또한 피해자에게서 직접 돈을 받으러 나가는 행위는 주변 CCTV와 차량 블랙박스 등으로 특정될 위험이 매우 높아 사기범들에게도 상당히 위험한 방식입니다.

이 때문에 사기범들은 돈을 전달받는 역할을 대신 수행할 사람, 즉 알바를 속여 고용하는 방식을 선택합니다.

고수익 알바 미끼

언제, 어디서, 누가 사기범들에게 속아 넘어갈지 알 수 없기 때문에, 해외에 있는 총책들은 알바천국, 알바몬, 벼룩시장, 잡코리아, 사람인 등 각종 구인·구직 사이트에 '고수익 알바'라는 제목의 광고를 상시로 게시합니다. 이 과정에서 일자리를 찾는 사람들이 또 다른 피해자가 됩니다. 광고를 본 구직자가 사기범에게 연락합니다.

구직자: 광고 보고 연락드리는데, 시급은 어떻게 되고 어떤 일인가요?

사기범: 저희는 신용정보회사로, 주로 채권추심이나 오래된 채권 상환 업무를 하고 있습니다.

요즘은 비대면 거래가 많아 사무실에 모이지 않고, 채무자가 상환 의사를 밝히면 서류와 함께 상환 금액만 받아 오시면 되는 일입니다.

구직자: 회사 이름이 어디인가요?

사기범: 고려신용정보입니다. 명함은 문자로 보내 드리겠습니다.

실제로 존재하는 회사의 명함이나 사업자 정보를 위·변조해 보내거나, 본사는 해외에 있고 지사가 한국에 있다고 둘러대며 확인을 어렵게 합니다.

구직자: 상환금 받는 일이 그렇게 어려운가요?

사기범: 막상 해보면 쉽지 않습니다. 장거리 이동도 있고, 일이 있을 때와 없을 때가 불규칙합니다. 사무실 근무자는 정규직이고, 외근은 비정규직이라 여름엔 덥고 겨울엔 추워 그만두는 사람이 많습니다.

구직자: 알바비는 어느 정도인가요?

사기범: 지역이 어디신가요?

구직자: 경남 양산입니다.

사기범: 부산·경남 지역은 건당 30만 원, 경북·충청·경인·서울 지역은 건당 50만 원을 지급합니다. 교통비와 식비를 제외하고, 법인이라 3.3% 소득공제를 합니다.

개인정보 탈취 및 감시 단계

구직자: 일을 시작하려면 어떻게 해야 하나요?

사기범: 회사에서 함께 일하려면 신상 확인이 필요합니다. 파일 하나 보내 드릴 테니 이력서를 작성해 주시고, 정장은 아니어도 깔끔한 복장을 유지해 주세요. 추리닝은 안 됩니다. 또 주민등록증 사진, 인감 사진, 가족관계증명서도 준비해 주세요.

(이때 보내는 파일에는 악성코드가 심어져 있습니다.)

사기범들은 돈이 오가는 범죄 특성상, 문자 감시, 실시간 위치 추적 등을 통해 신고 여부, 잠적 여부, 함정 수사 여부를 감시해야 하기 때문입니다.

구직자는 파일을 내려받아 권한을 허용하고 이력서를 작성합니다. 이름, 주소, 전화번호, 경력 등을 입력해 다시 전송하고, 일을 위한 절차라고 생각해 주민등록증 사진, 인감, 가족관계증명서도 준비합니다. 이 과정에서 자신의 휴대폰에 악성코드가 설치되어 감시당하고 있다는 사실은 전혀 인지하지 못합니다.

이렇게 속아 넘어간 알바생들은 전국 각지에 배치되고, 사기범들은 해외에서 한국을 대상으로 무작위 사기를 실행합니다.

현금 수거 단계

이후 홍길동 씨와 같은 피해자가 발생하면, 대포통장이 없을 경우 은행 창구에서 이체가 아닌 '현금 인출'을 지시합니다.

사기범 2: 요즘 한 번에 큰 금액을 출금하면 금융 사기 피해, 세금 문제로 은행 직원이 출금 목적을 묻습니다. 수사 기밀이 새어 나가면 안 되니, 이사 자금이나 자녀 결혼 준비로 현금이 필요하다고 말하세요.

피해자는 이미 세뇌된 상태이기 때문에, 은행 직원이 보이스피싱 예방 차원에서 출금 목적을 물어도 사기범이 시킨 대로 답하며 통장 잔액 전액을 인출합니다.

현금 확인 절차

피해자가 현금을 인출했다고 연락하면, 사기범들은 미리 준비해 둔 알바생과 약속 장소를 잡습니다. 이때 사기범들은 일을 확실히 하기 위해, 아무도 없는 조용한 장소로 이동해 현금 다발 위에 오늘 날짜를 적은 메모지를 올려 사진을 찍어 보내라고 지시합니다. 이는 실제로 돈을 인출했는지 확인하기 위함이며 인터넷에 떠도는 사진을 도용하거나 위·변조하는 것을 막기 위한 절차입니다. 피해자는 차량 안이나 집, 인적이 드문 장소에서 사기범의 지시에 따라 날짜가 적힌 메모지와 함께 현금 사진을 찍어 전송합니다.

사기범 2: 2억 5천 5백만 원을 쇼핑백에 담아 사상역 2번 출구로 나오시면 저희 직원이 나갈 겁니다. 사상역까지 가는 데 얼마나 걸리시겠습니까?

피해자: 30분 정도 걸립니다.

사기범 2: 그럼 지금 시간이 3시이니 넉넉하게 4시에 뵙겠습니다.

피해자: 알겠습니다.

사기범 2: 옷은 어떤 색상으로 입고 계십니까?

피해자: 청바지에 흰색 남방을 입고 있습니다.

사기범 2: 알겠습니다. 수사 기밀이 새어나가면 문제가 심각해집니

다. 다른 사람에게 절대 이야기하지 마시고, 사상역 2번 출
구로 나오시면 CU 편의점이 있을 겁니다. 그 앞에서 4시에
뵙겠습니다.

피해자: 알겠습니다.

피해자는 이미 충분히 세뇌된 상태이므로, 사기범은 돈을 수거하러
나갈 알바에게도 연락합니다.

사기범 2: 동철 씨, 지금 일이 하나 생겼습니다.

알바: 네.

사기범 2: 부산 사상역까지 얼마나 걸리겠습니까?

알바: 40분 정도 걸릴 것 같습니다.

사기범 2: 옷은 어떤 걸 입고 계십니까?

알바: 검은색 면바지에 회색 남방을 입고 있습니다.

사기범 2: 지금 시간이 3시 조금 넘었으니, 4시까지 사상역 2번 출구
앞으로 오시면 됩니다. CU 편의점 앞에 청바지에 흰색 남방
을 입고 쇼핑백을 들고 있는 분이 있을 겁니다. 강지훈 팀장
이 보내서 왔다고 하고 쇼핑백만 받아 오시면 됩니다. 받으
신 뒤에는 "강지훈 팀장님이 연락 주신다고 했다"고만 하시
고 쇼핑백을 가지고 계세요.

알바: 알겠습니다.

실제 출금했는지 신분증과 오늘 날짜를 함께 보여주며 출금한 돈
인증한 사진

해외에 있는 사기범은 다시 피해자에게 연락합니다.

사기범 2: 어디까지 오셨습니까?

피해자: 5분 정도면 도착합니다.

사기범 2: 도착하시면 검은색 면바지에 회색 남방을 입은 직원이 나와

있을 겁니다.

"강지훈 팀장이 보내서 왔다"고 하면 됩니다. 보안이 중요하

니 아무 말 하지 마시고 돈이 든 쇼핑백만 전달하십시오. 조

사가 끝나고 혐의가 없으면 다시 연락드리겠습니다.

피해자: 알겠습니다.

사기범 2: 다시 말씀드리지만, 수사 기밀이 새어나가면 홍길동 씨는 물론 가족까지 불이익을 받을 수 있습니다. 제가 따로 연락 드릴 때까지 절대 누구에게도 이야기하지 마십시오.

피해자: 알겠습니다.

이 시점에 이미 또 다른 공범이 먼저 도착해 주변에서 감시 역할을 하고 있습니다.

이 공범은 피해자가 도망치지는 않는지, 경찰이 접근하지는 않는지를 확인하다가 알바가 쇼핑백을 전달받는 순간을 확인한 뒤, 해외 총책의 지시에 따라 다시 접근해 돈을 회수합니다.

약속 장소에서 피해자와 알바가 만납니다. 그 뒤를 또 다른 사기범이 멀리서 지켜보고 있습니다.

알바: 강지훈 팀장님이 보내서 쇼핑백 받으러 왔습니다.

피해자: (이미 세뇌된 상태라 별다른 확인 없이) 여기 있습니다.

알바는 쇼핑백을 건네받고, "강지훈 팀장님이 연락 주신다고 했다"고 말한 뒤 자리를 뜹니다.

만약 이 과정에서 경찰이 접근해 알바가 체포될 경우, 주변에서 감시하던 공범은 즉시 해외 총책에게 사고가 났다는 신호를 보냅니다.

그러면 사기범들은 빠져나가고, 알바만 단독 범행처럼 구속되는 경우가 많습니다.

알바가 쇼핑백을 들고 이동하자, 해외에 있는 사기범이 다시 연락합니다.

사기범 2: 쇼핑백 잘 받았습니까?

알바: 네, 잘 받았습니다.

사기범 2: 마침 회사 직원이 근처에서 일을 마치고 사무실로 들어오는 중입니다. 일당 30만 원에 교통비·식대 5만 원 해서 총 35만 원을 받으시고, 쇼핑백은 그 직원에게 전달하시면 됩니다. 이후 다시 대기해 주세요.

알바: 알겠습니다.

잠시 후 또 다른 사기범이 접근합니다.

사기범: (해외 사기범과 통화하며) 팀장님, 사상역 근처입니다. 쇼핑백 수령했고 사무실로 들어오라고 하셨죠?

해외 사기범: 네. 알바 동철 씨를 잠깐 바꿔 주세요.

사기범: 고려신용정보에서 근무 중이신 김동철 씨 맞으시죠?

알바: 네, 맞습니다.

사기범: 저는 고려신용정보 김철진 대리입니다. 강지훈 팀장님 지시로 왔습니다.

사기범 2: 김철진 대리에게 쇼핑백 전달하시고, 일당 35만 원 받으시면 됩니다. 오늘 수고 많으셨습니다.

사기범은 35만 원을 건네주고 사라집니다.

예방 방법

알바는 처음에는 범죄라는 사실을 모르고 일을 시작합니다.

그러나 중간에 범죄임을 인지하더라도 쉽게 그만둘 수 없습니다.

"그만두면 이전에 받은 돈이 보이스피싱 범죄수익금이니 신고하겠다", "이미 받은 인감, 신분증 사진으로 수사기관에 넘기겠다"는 식으로 협박하기 때문입니다.

결국 알바는 이러지도 저러지도 못한 채 범죄에 연루되고, 사기 또는 사기 방조, 전기통신금융사기 피해 방지 및 피해금 환급에 관한 특별법 위반으로 형사 처벌을 받게 되는 경우가 많습니다.

고수익을 미끼로 한 현금 전달·수거 알바는 그 자체로 극히 위험한 범죄 신호라는 점을 반드시 인식하셔야 합니다.

금리 스트레스를 노린 사기

금융 기관 사칭 보이스 피싱

'기존 대출, 저금리로 갈아타게 해드립니다'

사기범들은 불특정 다수에게 "저금리 대출을 해드립니다"라는 문자나 전화를 무작위로 발송합니다. 이후 자금이 필요하고 저금리 대출을 원하는 사람들이 범죄 표적이 됩니다.

1단계: 저금리 대출 미끼

대출 희망자: 저금리 대출 광고를 보고 전화드렸습니다.

사기범: 네, 저희는 정부 지원 상품인 햇살론입니다. 저는 오상진 대리입니다. 대출 진행 전에 몇 가지 확인할 사항이 있습니다.

대출 희망자: 네.

사기범: 기존에 대출은 얼마나 있으십니까?

대출 희망자: BNK캐피탈에 3천만 원 있습니다.

사기범: 대출은 언제 받으셨고, 이자율은 몇 퍼센트입니까?

대출 희망자: 2022년 9월에 받았고, 이자는 12%입니다.

사기범: 이자율이 상당히 높네요.

대출 희망자: 네, 그래서 원금은 못 갚고 이자만 계속 내고 있습니다.

2단계: 악성코드 설치

사기범: 카카오톡으로 파일 하나 보내드렸습니다. 신용 조회를 해야 하니 보안 강화 서비스를 내려받으시고, 권한 요청이 뜨면 모두 허용을 눌러 주세요.

대출 희망자는 햇살론에서 시킨 절차라고 믿고 파일을 내려받습니다. 이 파일은 악성코드이며, 권한이 허용되는 순간 사기범들은 문자 감시, 전화 가로채기, 원격 조종이 가능한 상태가 됩니다.

3단계: 개인정보 탈취 및 유혹

사기범: 한도와 이자율을 확인해야 하니 신분증 사진을 찍어 문자로 보내 주세요.

대출 희망자는 대출 절차라고 생각하고 신분증 사진을 전송합니다.

사기범: 연 5% 금리로 최대 7천만 원까지 대출이 가능합니다.

대출 희망자: 그럼 어떻게 진행하면 됩니까?

사기범: 기존 대출을 상환하셔야 신용 점수가 올라가 승인이 됩니다.

대출 희망자: 상환하면 정말 5% 금리로 7천만 원 대출이 나오는 건가요?

사기범: 네. 조회 결과에 따라 1천만 원 정도 더 나올 수도 있습니다.

대출 희망자: 알겠습니다. 돈을 준비해서 다시 연락드리겠습니다.

4단계: 가짜 금융기관 연출

대출 희망자는 혹시 몰라 BNK캐피탈에 직접 전화를 걸어봅니다. 그러나 이미 악성 앱에 감염되어 전화 발신이 차단되고, 통화는 바로 끊어집니다.

사기범들은 피해자의 발신 기록을 확인한 뒤 BNK캐피탈 대표번호 (051-665-1000)로 발신 번호를 조작해 전화를 겁니다.

사기범: BNK캐피탈입니다. 무엇을 도와드릴까요? 업무량이 많아 발신 번호를 보고 바로 전화드렸습니다.

대출 희망자: 햇살론에서 BNK캐피탈 대출을 상환하면 5% 금리로 7천만 원 대출을 해준다고 하는데 사실인가요?

사기범: 5%에 7천만 원까지는 저희도 직접 조회하지 않으면 알 수 없지만, 요즘 정부 지원 상품으로 그런 대출은 있습니다. 상환하시겠습니까?

대출 희망자: 자금을 준비해서 다시 연락드리겠습니다.

사기범: 앞으로는 대표번호로 전화하지 마시고, 제가 담당자이니 010-0000-0000으로 연락 주세요. 저는 최수정 대리입니다. 문자로 명함 보내드리겠습니다.

5단계: 햇살론 대표번호 위장

의심 많은 피해자는 햇살론 대표번호(1800-6650)로 다시 전화를 걸어봅니다. 그러나 동일하게 발신이 차단되고, 사기범이 발신 번호를 조작해 다시 전화를 겁니다.

사기범: 네, 햇살론입니다. 업무량이 많아 전화를 못 받았습니다. 무엇을 도와드릴까요?

(피해자는 악성 앱으로 인해 발신 조작이 이루어졌다는 사실을 전혀 알지 못합니다.)

대출 희망자: 오늘 오전에 오상진 대리님과 대환대출 상담을 했습니다.

사기범: 성함이 어떻게 되십니까?

대출 희망자: 이준범입니다.

사기범: 83년 7월 2일생 맞으시죠?

대출 희망자: 네, 맞습니다.

사기범: 연 5% 금리로 7천만 원 가승인이 나 있는 상태입니다. 기존 BNK캐피탈 대출 3천만 원을 상환하시면 대환대출 진행됩니다.

6단계: 대포통장 상환 유도

대출 희망자는 지인에게 돈을 빌려 3천만 원을 마련합니다.

이후 BNK캐피탈 담당자라던 번호로 다시 전화를 겁니다.

사기범: 문자로 상환 계좌를 보내드렸으니 그쪽으로 입금하시면 상환

납부 증명서를 보내드리겠습니다.

피해자가 받은 이미지에는 대출일자, 상환 금액, 은행 로고가 찍힌

납부증명서 (법무용)

본인이 귀사에 대하여 2024년 10월 23일 기준으로 아래와 같이 채무에 대해 상환
하였음을 증명합니다.

고객인적 : 부산사하구신평동 현대아파트 101동 1608호

채무자 : 이준범

주민등록번호 : 830702-1XXXXXX

최초대출일자	납부일자	납부금액	비고
2022.02.22	2024.10.23	30,000,000원	원금

- 본 증명서는 상환일자 기준 해당 대출건의 납부를 증명합니다.
- 대출금액 대출기간 동안 발생한 상환을 고려하지 않은 모든 승급액의 합계로
  최초 대출금액 혹은 대출한도 등과 상이할 수 있습니다.

발급신청인 : 박 진 수
고객관계 : 본 인
발급용도 : 법무용
납부금액 30,000,000원

2024년 10월 23일

위의 사실이 틀림 없음을 증명합니다.

비엔케이캐피탈

담당법무팀 강 창 원 ㊞

법무용 상환증명서 공문서는 반드시 제출용으로만 사용을 해야되며 개인용도로 사용시
차후 문제제기에 대해 문제발생시 법적인 책임을 져야 됨을 숙지하시길 바랍니다.

사기범들이 조작한 가짜 상환 납부 증명서

가짜 상환 서류가 포함되어 있습니다. 계좌 명의는 '최수정'의 농협 계좌로 되어 있습니다. 이 계좌가 바로 대포통장입니다. 의심하는 피해자에게는 "담당자 직급 계좌를 사용한다"는 말로 안심을 시킵니다. 결국 피해자는 5% 금리, 7천만 원 대출을 받기 위해 기존 대출 3천만 원을 사기범이 알려준 대포통장으로 송금합니다. 이후 사기범은 "BNK 캐피탈 이준범 고객님의 2022년 9월 대출 상품이 전액 상환되었습니다"라는 가짜 상환 납부 증명서를 보내며 다음 단계를 준비합니다.

이 시점부터 피해는 되돌릴 수 없는 단계로 넘어가게 됩니다.

햇살론 5% 저금리 대출로 갈아타기 위해 전화를 겁니다.

대출 희망자: 오상진 대리님 맞으십니까?

사기범 1: 네. 무엇을 도와드릴까요?

대출 희망자: 기존 대출을 상환하면 연 5%로 최대 7천만 원까지 대환 대출로 갈아탈 수 있다고 해서 상환했는데, 이제 어떻게 하면 됩니까?

사기범 1: 성함이 어떻게 되십니까?

대출 희망자: 이준범입니다.

사기범 1: 83년 7월 2일생 이준범 씨 맞으시죠?

대출 희망자: 네, 맞습니다.

사기범 1: BNK 캐피탈 3천만 원 상환하셨습니까?

대출 희망자: 네. 방금 상환하고 바로 연락드리는 겁니다.

사기범 1: 상환하셨더라도 신용평가 전산에서 삭제 처리되려면 하루 이틀 정도 걸립니다. 이틀 뒤 오전 10시에 다시 전화 주시면 진행 도와드리겠습니다.

대출 희망자: 잘 알겠습니다.

1차 범죄가 끝난 뒤, 시간을 끄는 이유

이런 식으로 시간을 끄는 이유는, 출금이 끝난 뒤 바로 연락을 끊어버리면 피해자가 사기임을 인지하고 즉시 신고할 가능성이 높기 때문입니다. 최수정 계좌로는 이준범 씨뿐 아니라 전국적으로 다수의 피해가 동시에 진행 중이거나 진행 예정일 수 있습니다. 오랜 시간 공을 들여 판을 깔아 놓은 상황에서 계좌가 지급 정지되거나 담당이 바뀌었다고 하면 사기가 매끄럽게 이어지지 않습니다. 그래서 사기범들은 전화를 계속 받아주며 끝까지 버티는 방식으로 시간을 벌고, 이준범 씨를 '버릴지', 아니면 '2차 범죄로 넘어갈지'를 추가로 계획합니다.

이틀 뒤, 대환대출을 진행하기 위해 다시 전화를 겁니다.

2차 단계: "추가 대출이 있다"는 말로 인증번호 탈취

대출 희망자: 오상진 대리님 맞으십니까?

사기범 1: 네. 무엇을 도와드릴까요?

대출 희망자: 이준범인데요. 대환대출 때문에 오늘 연락 달라고 하셔서 연락드렸습니다.

사기범 1: 83년 7월 2일생 이준범 씨 맞으시죠?

대출 희망자: 네, 맞습니다.

사기범 1: 2022년 9월에 BNK 캐피탈에서 받으신 대출 상품은 완납 처리되었습니다. 그런데 지금 문제가 하나 생겼습니다. 기존 대출이 BNK 캐피탈 말고도 더 있는 것으로 확인됩니다.

대출 희망자: 어디에 있나요?

사기범 1: 저희도 상세 조회를 하지 않아서 정확한 내용은 알 수 없지만, 지금 조회를 한번 해보겠습니다. 방금 인증번호가 하나 갔죠? 인증번호 6자리를 불러 주세요.

사기범이 나이스(NICE)나 KCB 같은 신용평가 서비스에 피해자 정보로 로그인 시도를 하는 방식입니다. 피해자는 대출 절차라고 믿고 인증번호를 불러 줍니다. 사기범은 이를 통해 로그인에 성공하거나, 이미 탈취한 정보로 로그인을 진행합니다.

신용정보 조회·관리 서비스는 유료인 경우가 많아 연간 약 2만~3만 원의 비용이 발생할 수 있습니다.

사기범 1: 대환대출뿐 아니라 낮은 금리로 한도를 높이려면 신용 관리가 필요합니다. 1년 동안 신용 관리를 해드리겠습니다. 비용이 2만 원 정도 드는데 괜찮으십니까?

대출 진행자: 지금 입금해야 하나요?

사기범 1: 아닙니다. 소액 결제로 다음 달 휴대폰 요금에 합산 청구될

겁니다.

대출 진행자: 알겠습니다. 그렇게 해주세요.

사기범은 피해자의 동의를 받은 것처럼 꾸며 유료 가입을 진행합니다.

사기범 1: 혹시 지금 사용하시는 통신사가 어디입니까?

대출 진행자: KT입니다.

이 정보로 사기범은 더 상세한 신용 정보를 확인할 수 있는 권한을 확보하고, 신용점수·카드 보유 현황·대출 내역·보증 여부·소득 관련 정보까지 들여다봅니다. 상대 정보를 알아야 더 계획적이고 치밀하게 범행을 이어갈 수 있기 때문입니다.

사기범 1: 인증번호 6자리 왔죠?

대출 진행자: (2만 원 결제 금액과 인증번호가 문자로 왔습니다.) 네.

사기범 1: 6자리 불러 주세요.

대출 진행자: 913270입니다.

사기범 1: 확인해 보니 국민카드에 카드론 대출 2천만 원이 있으시네요?

대출 진행자: 네. 2023년에 너무 힘들어서 2천만 원을 받았고, 이것도

이자만 내고 있습니다.

     범죄의 심리학

사기범 1: 이자율은 몇 퍼센트입니까?

대출 진행자: 연 14% 정도입니다.

사기범 1: 힘드신 건 알지만, 이것이 정리되어야 연 5% 대환대출이 가능합니다. 대신 이걸 상환하시면 제가 팀장님께 건의해서 연 4.5%로 1억까지 승인될 수 있도록 도와드리겠습니다.

대출 진행자: 그렇긴 한데, 지금 2천만 원을 구할 데가 없습니다. 다른 방법은 없을까요?

사기범 1: 원칙적으로는 국민카드 카드론이 정리되어야 합니다. 대신 상환만 되면 7천만 원이 아니라, 연 4.5%로 1억까지 팀장님께 건의해 드리겠습니다. 정부 예산이 거의 마감이라 1주일 안에 상환하고 햇살론 신청하셔야 합니다.

대출 진행자: 알겠습니다.

처음부터 시작하지 말았어야 했지만, 사기범과 통화를 이어갈수록 더 깊이 빠져듭니다. 앞서 BNK캐피탈 상환도 "7천만 원이 나오면 갚아주겠다"는 말에 지인에게 빌려 겨우 상환했는데, 카드론 2천만 원을 정리하지 못하면 대출도 물 건너가고 지인에게 빌린 3천만 원도 갚기 어려운 상황이 됩니다. "연 4.5%로 1억"이라는 말과 "1주일 뒤 마감"이라는 조급함이 피해자의 판단을 더 흐리게 만듭니다.

대출 희망자는 카드론 2천만 원을 상환하기 위해 국민카드 대표번호로 전화를 겁니다.

그러나 통화가 되지 않고 끊깁니다. 그리고 곧 1588-1688로 전화가 옵니다. 이 역시 피해자의 발신 내역을 보고 사기범이 발신 번호를 조작해 걸어온 전화입니다.

사기범 4: 국민카드입니다. 업무량이 많아 전화를 못 받았습니다. 무엇을 도와드릴까요? 저는 국민카드 담당자 조창범 대리입니다.

대출 희망자: 2023년에 받은 카드론을 상환하려고 합니다.

사기범 4: 성함이 어떻게 되십니까?

대출 희망자: 이준범입니다.

사기범 4: 본인 확인을 위해 생년월일 830702와 주민등록번호 뒤 7자리를 불러주시겠습니까?

대출 희망자: 1137586입니다.

사기범 4: 주소는 부산 사하구 신평동 현대아파트 몇 동 몇 호입니까?

대출 희망자: 101동 1608호입니다.

사기범 4: 본인 확인되었습니다. 무엇을 도와드릴까요?

대출 희망자: 카드론 상환 금액을 확인하고 싶습니다.

사기범 4: 중도상환수수료는 없고, 연체 없이 이자를 잘 내서서 원금 2천만 원입니다. 지금 상환하시겠습니까?

대출 희망자: 금액이 준비되는 대로 연락드리겠습니다.

사기범 4: 제가 담당자이니 직통 번호와 명함을 문자로 보내드리겠습니다. 저는 조창범 대리였습니다.

대출 희망자: 네, 알겠습니다.

피해자는 "2천만 원을 상환해야 대환대출이 된다"는 말에 또 어렵게 2천만 원을 마련합니다. 이번에는 사기범들이 대포통장을 확보하지 못한 상황이라, 앞서 수사기관 사칭 때처럼 알바를 보내 현금을 수거하는 방식으로 범행을 계획합니다. 사기범들은 전국에 채권추심·채권 상환 알바를 미리 대기시켜 두고, 언제 어디서 누가 걸려들지 모르기 때문에 항상 준비해 둡니다.

사기범이 먼저 전화해 '편법'과 '가승인 파일'로 압박

모든 상황이 사기범들이 짜 놓은 판이기 때문에, 피해자는 믿을 수밖에 없습니다. 이준범 씨가 2천만 원을 구할 가능성이 높다고 판단하자, 이번에는 햇살론 오상진 대리가 먼저 전화를 겁니다.

사기범 1: 이준범 고객님 맞으시죠?

대출 진행자: 네.

사기범 1: 햇살론 오상진 대리입니다. 정부 지원 자금이 곧 마무리될 예정인데, 국민카드 카드론 상환금은 준비되셨나요? BNK캐피탈도 상환하셨고 노력 많이 하셨는데, 자금이 바닥나면 도움을 드리기 어려울 것 같아 먼저 연락드렸습니다.

대출 진행자: 오늘 2시쯤 2천만 원 상환금이 준비됩니다. 그때까지만

기다려 주세요.

사기범 1: 오늘 2시에 준비되신다고요?

대출 진행자: 네, 그렇습니다.

사기범 1: 이번에 부결되면 실망이 크실 것 같아 제가 신경을 좀 써드리겠습니다. 준비되시면 국민카드로 바로 상환하지 마시고, 저에게 먼저 연락 주세요.

대출 진행자: 무슨 일이 있나요?

사기범 1: 입금하면 신용 전산에서 삭제되기까지 또 이틀이 걸립니다. 제가 편법으로 도와드리겠습니다. 상환만 되면 팀장님께서 연 4.5%로 1억 대환대출이 가능하도록 신경 써 놓았습니다.

사기범은 '가승인 문서'를 보냅니다. 물론 위조된 문서입니다.
(연 4.5%, 1억, 10년 상환 등 조건이 적힌 파일)

사기범 1: 문자로 가승인 문서를 보내드렸습니다. 확인해 보세요.

대출 진행자: (가승인 문서를 보고)빨리 2천만 원 준비해서 연락드리겠습니다. 감사합니다.

사기범 1: 알겠습니다. 준비되면 연락 주세요.

대출 진행자는 2천만 원을 준비한 뒤 햇살론 오상진 대리에게 전화를 합니다.

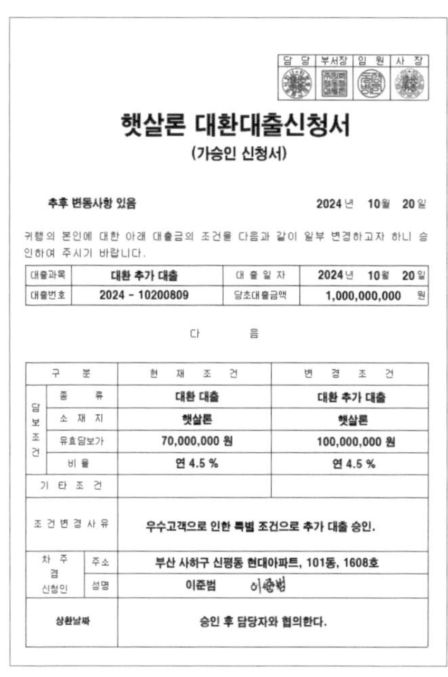

사기범이 위조한 가승인 신청서

대출 진행자: 네, 대리님. 이준범입니다.

사기범 1: 네, 고객님.

대출 진행자: 지금 2천만 원 준비가 되었습니다.

사기범 1: 고생하셨네요. 국민카드 카드론 담당자 명함이 있으십니까?

대출 진행자: 네, 있습니다.

사기범 1: 저한테 명함 하나 보내주시겠습니까? 제가 통화해서 빠르게 처리해 달라고 하겠습니다.

대출 진행자: 네, 알겠습니다. (얼마 전에 받은 명함을 보냅니다.)

사기범 1: 네, 제가 통화하고 빠른 처리를 위해 도와드리겠습니다.

대출 진행자: 알겠습니다.

이들은 해외에서 같은 사무실에 앉아 범행을 계획하고 있기 때문에, 한두 번 해본 솜씨가 아닙니다. 이미 계획은 다 짜여 있는 상태입니다. 잠시 후, 사기범 1이 다시 전화를 합니다.

사기범 1: 이준범 고객님 맞으시죠?

대출 진행자: 네.

사기범 1: 제가 국민카드 담당자 조창범 대리와 조금 전에 통화했습니다. 일단 햇살론은 신청해서 가승인 상태고, 지금 정부 지원 자금이 마무리될 것 같아서 계좌로 상환을 받으면 전산에서 삭제되는 데 시간이 걸립니다. 그래서 시간이 촉박하다고, 제가 팀장님 이름도 좀 팔고 신경 좀 써 달라고 했습니다. 지금 제 전화 끊고 조창범 대리가 시키는 대로 빨리 움직여 주세요. 그리고 이번에 일 처리 잘되면 이준범 고객님이 밥 한 끼는 사셔야 합니다. 저희 팀장님하고요.

대출 진행자: 일 처리 잘되면 제가 밥만 사겠습니까? 술도 사드릴 테니 신경 좀 써 주세요.

사기범 1: 조창범 대리가 신경 쓴다고 했으니 빨리 연락해 보세요.

대출 진행자: 알겠습니다. 감사합니다.

  범죄의 심리학

대출 진행자는 국민카드 조창범 대리에게 전화를 합니다.

대출 진행자: 조창범 대리님 되십니까?

사기범 4: 네, 무엇을 도와드릴까요?

대출 진행자: 이준범인데요. 대출금 상환을 좀 하려고 합니다.

사기범 4: 본인 확인을 위해 이준범 씨, 83년 몇 월 며칠생이십니까?

대출 진행자: 7월 2일생입니다.

사기범 4: 부산 사하구 신평동 무슨 아파트에 거주하십니까?

대출 진행자: 현대아파트에 삽니다.

사기범 4: 몇 동 몇 호입니까?

대출 진행자: 101동 1608호입니다.

사기범 4: 본인 확인되셨고요. 안 그래도 햇살론 오상진 대리님께서
전화 주셨던데, 혹시 햇살론 대환대출 신청하셨습니까?

대출 진행자: 네, 맞습니다.

사기범 4: 높은 분이 연락 오셔서 제가 친분도 좀 있고, 일 처리도 빨리
도와드리려고 합니다. 지금 상환금 2천만 원 준비되셨나요?

대출 진행자: 네, 준비되었습니다.

사기범 4: 지금 계좌이체로 상환하면 대출 전산 기록이 이틀 정도 남
아 신용점수가 바로 올라가지 않아서 햇살론 대환대출 받는
데 문제가 생길 수 있습니다. 그러니 지금 가지고 계신 2천
만 원을 현금으로 준비해 주세요.

대출 진행자: 알겠습니다.

사기범 4: 지금 계신 곳이 어디입니까?

대출 진행자: 부산 사하구 하단동입니다.

사기범 4: 그러면 가까운 은행에 가서서 2천만 원을 5만 원권으로 출금하시고, 은행 직원이 출금 용도를 묻더라도 "대출 상환"이라고 하지 마시고 "급하게 이사 비용이 필요해서 출금한다"고 말씀하시면 됩니다. 저도 대환대출이 빨리 승인 나도록 움직이겠습니다. 지금 시간이 2시 30분이니 3시 30분까지 2천만 원을 가지고 하단초등학교 정문 앞에서 뵙는 걸로 하시죠.

대출 진행자: 알겠습니다.

사기범 4: 아참, 옷은 어떤 옷을 입고 계십니까?

대출 진행자: 검은색 추리닝 한 벌 입고 있습니다.

사기범 4: 알겠습니다. 나중에 뵙겠습니다.

사기범들은 완벽한 계획을 짜 놓고, 돈을 받으러 나갈 알바와 감시 역할을 할 공범을 하단초등학교로 3시 30분까지 보냅니다.

이 알바 역시 앞서 알바·구직 사이트에서 비슷한 방식으로 속아 대기하고 있던 사람입니다. 이전에 움직였던 알바가 나갈 수도 있고, 그 사람이 다른 일을 하고 있으면 또 다른 알바를 보냅니다. 사기범은 알바에게 연락합니다.

사기범: 민주 씨, 지금 일이 하나 잡혔습니다.

알바: 네.

사기범: 부산 하단초등학교까지 얼마나 걸리겠습니까?

알바: 30분 걸릴 것 같습니다.

사기범: 옷은 어떤 색상에 어떤 걸 입고 있습니까?

알바: 갈색 면바지에 하얀색 남방을 입고 있습니다.

사기범: 그러면 지금 시간이 2시 40분이니 3시 20분까지 하단초등학교 정문 앞으로 가시면 됩니다. 그 앞에 검은색 추리닝 한 벌을 입은 40대 초반 남자가 쇼핑백 하나를 가지고 있을 텐데, 이야기는 다 해놓았습니다. 조창범 대리가 보내서 왔다고 하고 쇼핑백만 받아 오시면 됩니다. 물건 받으면 조창범 대리가 연락 준다고 했다고 전하시고, 일단 쇼핑백은 가지고 계세요.

알바: 알겠습니다.

3시 10분쯤, 해외에 있는 사기범이 진행 상황을 확인하기 위해 이준범 씨에게 전화를 합니다.

사기범 4: 준비 다 되셨습니까?

피해자: 5분이면 도착합니다.

사기범 4: 저희도 업무 마감 시간이 다 되어가서 처리를 해야 합니다. 2천만 원 현금 위에 이준범 씨 주민등록증을 올리고, 메모지

에 오늘 날짜(2025년 12월 13일)를 적어서 사진으로 인증해 주세요. 그 자료라도 있어야 마감 전에 전산 처리를 해놓고 하루라도 빨리 대환대출을 진행할 수 있습니다. 현금이니 사람 없는 곳에서 사진 찍어 주세요.

대출 진행자: 알겠습니다. 안 그래도 차 안에 있습니다.

대출 진행자는 사진을 찍어 사기범에게 전송합니다. (이 단계는 실제로 현금을 인출했는지 확인하는 '마지막 확인' 단계입니다.)

대출 진행자: 보냈습니다.

사기범은 이준범 씨가 돈을 인출했다는 확신을 얻고 다음 단계로 넘어갑니다.

사기범 4: 도착하시면 갈색 면바지에 하얀색 남방을 입은 직원이 나와 있을 겁니다. 조창범 대리가 보내서 왔다고 하면, 보안에 신경 써야 하니 아무 말 하지 마시고 돈이 든 쇼핑백만 전달하시면 됩니다. 저는 지금 업무 마감이 다 되어가서 이준범 씨 전산 기록 삭제와 신용점수 반영을 위해 신경 쓰고 있습니다. 승인 나면 대환대출금은 빠르면 오늘 저녁, 늦어도 내일 오전까지는 처리될 겁니다.

대출 진행자: 알겠습니다. 감사합니다.

사기범 4: 다시 한 번 말씀드리지만, 편법으로 전산 기록을 처리해 대출을 진행하는 것이니 보안이 중요합니다. 불이익이 생길 수도 있으니, 제가 따로 연락드릴 때까지 절대 그 누구에게도 이야기하시면 안 됩니다.

대출 진행자: 알겠습니다.

사기범 4: 문제가 있으면 또 연락드리겠습니다.

이때도 사전에 공범이 먼저 도착해 있습니다. 이 공범은 '안테나' 역할을 하며, 경찰에 잡혀가는지, 돈을 들고 도망가는지 숨어서 감시합니다. 알바가 돈을 받으면 뒤를 따라가다가, 해외 사기범의 지시를 받고 다시 돈을 넘겨받아 사라집니다.

약속 장소에서 돈을 들고 나온 피해자와 알바가 만납니다. 그 뒤를 또 다른 사기범이 지켜보고 있습니다.

알바: 조창범 대리님이 보내서 쇼핑백 받으러 왔습니다.

대출 진행자: (이미 세뇌가 되어 이것저것 묻지 않고 쇼핑백을 건넵니다.) 여기 있습니다.

알바는 쇼핑백을 건네받고 "조창범 대리님이 연락드릴 겁니다"라고 말한 뒤 가방을 들고 헤어집니다.

만약 수사기관에 신고가 되어 경찰이 따라붙어 알바가 체포되면, 지켜보던 공범이 해외 총책에게 "사고가 났다"는 신호를 보냅니다. 그러면 사기범들은 빠져나가고, 누가 시켰는지도 모른 채 알바만 구속되는 일이 생깁니다.

지켜보고 있던 사기범이 알바를 따라가고, 해외에 있는 사기범은 알바에게 연락합니다.

사기범 2: 쇼핑백 잘 받았습니까?

알바: 네, 잘 받았습니다.

사기범 2: 마침 우리 회사 직원이 그 근처에서 일을 마치고 사무실로 들어오는 중입니다. 직원에게 얘기해 놓았으니 일당 30만 원에 교통비·식대 5만 원을 더해 35만 원 받으시고, 또 대기하시면 됩니다. 제가 연락드리겠습니다.

알바: 네, 알겠습니다.

대기하고 있던 공범은 "사무실로 들어오라"는 말로 접근합니다. 해외에 있는 사기범은 알바와 직접 통화하며 안심시키는 절차를 반복합니다.

대환대출 보이스피싱 예방 방법

기존 대출을 먼저 상환하라는 요구는 100% 사기입니다.

은행·캐피탈·카드사·정부기관은 절대 "상환부터 하라"고 요구하지 않습니다. 조건이 되는 사람은 대출 승인 후 금융기관 내부 절차로 기존 대출 상환이 처리됩니다.

"대출을 해주겠다"는 전화가 먼저 오는 것: 100% 사기입니다.

문자·개인 휴대폰으로 대출 광고를 하는 제도권 기관: 없습니다.

"보안 강화 서비스"라며 파일 설치를 유도: 100% 사기입니다.

상환할 때는 본인 명의로 발급되는 가상계좌가 기본입니다.

가상계좌가 아니라 타인 명의 개인계좌로 입금하라고 하면 100% 사기입니다.

상환을 하면서 "돈을 전달하라"는 금융기관은 없습니다.

"전산을 조작한다, 작업한다, 아는 사람이 있다"는 식의 대출: 100% 사기입니다.

상식 밖 요구(현금 인출·현금 사진 인증·타인 명의 계좌 송금·앱 설치 요구·은행 직원에게 거짓말)는, 휴대폰이 악성코드에 감염되어 감시·원격조종을 당하고 있을 가능성이 매우 높습니다.

이럴 때는 지인이나 가족의 휴대폰을 잠깐 빌려 해당 기관 대표번호로 직접 전화해 확인하는 것이 현명합니다.

수거책 알바 예방 방법

알바는 처음에는 범죄인지 모르고 시작하지만, 나중에 범죄임을 알아도 쉽게 그만두지 못합니다. 그만두겠다고 하면 사기범들이 "예전에 받은 돈이 보이스피싱 범죄수익금"이라고 협박하며, 미리 받아둔 인감·신분증 사진 등을 들먹여 수사기관에 신고하겠다고 위협하기도 합니다. 결국 이러지도 저러지도 못한 채 사기, 사기방조 또는 전기통신금융사기 피해방지 및 피해금 환급에 관한 특별법 위반으로 형사 처벌까지 이어질 수 있습니다.

그러니 애초에 시작하지 않는 것이 가장 중요하며, 나중에라도 범죄임을 알게 되었을 때는 협박에 끌려가지 말고 가까운 수사기관에 자진신고(상담 포함) 하는 것이 그나마 피해를 줄이는 방법입니다.

간절함을 이용한 사기

내구제(불법,편법) 대출사기

'핸드폰 요금이 결제되었습니다'

누구나 소액대출을 해준다며 전단지, 명함, SNS, 문자로 광고를 합니다. 요즘 경제가 어렵고 돈이 필요한 사람들이 범죄 표적이 되는 것입니다.

피해자: 광고 보고 연락드립니다.

사기범: 어디서 광고 보셨습니까?

피해자: 대출나라 보고 연락드렸습니다.

사기범: 일단 대출이 되는지 안 되는지 신용조회를 해야 하니 신분증 사진을 찍어 보내주시겠습니까?

피해자: 신분증 사진도 찍어 드려야 하나요?

휴대폰 개통을 하면 50만 원에서 300만 원을 준다는 내구제 대출 광고

사기범: 대출을 진행하려면 저희도 조회를 해보고 대출이 되는지 안 되는지 확인을 해봐야 하지 않겠습니까?

피해자: 대출 절차라고 생각하고 신분증 사진을 찍어 보내줍니다.

사기범: 신분증 사진 잘 받았습니다. 조회하고 바로 연락드리겠습니다.

이 사기범은 처음부터 대출을 해줄 의사도 능력도 없는 사람입니다. 목적은 고급 스마트폰 기기와 유심입니다. 이렇게 받은 신분증 정보로 통신사에서 일하는 직원에게 "할부로 휴대폰 개통이 가능한지, 가능하다면 몇 대까지 가능한지"를 확인해 달라고 부탁합니다.

휴대폰을 여러 대 개통해 여러 회선을 사용하는 것 자체가 곧바로 불법이라고 단정할 수는 없지만, 사람의 신용도에 따라 과거 할부 이력, 현재 미납 여부, 보증 한도 등에 따라 개통 가능 대수는 달라집니다. 많게는 5대까지 가능한 사람도 있고, 할부 개통이 아예 어려운 사람도 있습니다. 할부가 안 되는 사람이라면 사기범 입장에서는 더 이상 빼낼 것이 없다고 판단해 연락을 끊습니다. 결국 "이 사람을 대상으로 범행을 이어갈지 말지"를 전산으로 가늠하는 단계입니다.

통신사 직원이 업무상 취급하는 개인정보를 제3자에게 유출하거나 대가를 받고 제공하면 개인정보보호법 위반 등으로 형사처벌 대상이 될 수 있어 민감한 부분입니다. 그럼에도 불구하고 돈벌이가 된다고 생각해 이런 범죄에 가담하는 사람이 생기기도 합니다. (개인정보 조회 대가로 건당 3~5만 원을 받는 방식 등)

사기범: 팀장님, 조회 하나 부탁드립니다. 민증 사진 문자로 보내드렸
  습니다.

통신사 직원: 네, 알겠습니다.

통신사 직원은 조회 권한이 있는 시스템(코드)으로 확인을 합니다. 조회 결과 보증 한도가 500만 원 정도 남아 있어 고가 단말기 2대까지 출고가 가능하다는 정보를 파악합니다.

통신사 직원: 500만 원 보증 한도가 살아 있으니 그렇게 알고 계시면
  됩니다.

사기범: 알겠습니다. 용돈은 저번에 그 계좌로 보내드리면 되죠?

통신사 직원: 네, 감사합니다.

사기범은 "보증 한도 500만 원이 남아 있다"는 사실을 확인한 뒤, 대

출 의뢰자에게 다시 연락해 다음 단계로 들어갑니다.

사기범: 신용조회를 해본 결과 신용이 낮아서 신용대출은 어려울 것 같고, 내구제 대출 방법으로 도와드려야 할 것 같습니다.

대출 진행자: 내구제가 뭔가요?

사기범: '나를 구제해주는 대출'이라는 뜻입니다. 쉽게 말해, 저희가 돈을 빌려드리면 월 300% 이자를 받아야 하지만, 고객님이 휴대폰을 할부로 개통해주시면 저희가 매입하겠습니다. 단말기 값도 요금도 저희가 다 내고, 고객님은 2~3달 뒤 신용점수가 올라가면 저희가 신용 작업을 해서 낮은 이자로 5천만 원 정도 대출을 도와드리겠습니다.

대출 진행자: 휴대폰은 얼마에 매입해가시나요?

사기범: 휴대폰 1대당 70~80만 원 정도 매입합니다.

대출 진행자: 몇 개나 개통될까요?

사기범: 오늘은 두 대 정도 개통할 예정입니다.

대출 진행자: 그럼 저는 돈 들어가는 게 없나요?

사기범: 네, 돈 들어가는 건 없습니다.

대출 진행자: 그럼 어떻게 하면 됩니까?

사기범: 지금 계시는 곳이 어디입니까?

대출 진행자: 대구 동성로 쪽입니다.

사기범: 언제 시간이 괜찮으십니까?

이런 곳에서 대출을 알아보는 사람들은 대부분 제도권에서 대출이 되지 않거나, 소액이라도 급한 사정이 있는 경우가 많아 당일에 바로 일이 진행됩니다.

대출 진행자: 오늘 시간은 괜찮은데, 오늘 진행하면 오늘 바로 돈을 주나요?

사기범: 네, 바로 드립니다. 지금 12시니까 2시쯤 반월당역 1번 출구에서 시간 괜찮으십니까?

대출 진행자: 네, 괜찮습니다.

이 '휴대폰깡' 범죄는 오랜 시간 조직적으로 이어져 왔고, 각 지역마다 휴대폰 개통을 유도하는 배달기사(또는 브로커)가 분포해 있습니다. 대구에서 개통을 해야 하니, 사기범은 대구 쪽 기사에게 연락합니다.

사기범: 2시까지 반월당역 1번 출구에 손님 한 분 가는데 시간 괜찮습니까?

휴대폰 배달기사: 12시 30분에 계명대학 쪽에 일이 하나 있어서 2시 30분에 도착하겠습니다.

사기범: 알겠습니다. 그럼 2시 30분까지 반월당역 1번 출구로 오시는 걸로 하시고, 보증 한도 500 정도 된다고 하니 갤럭시 울트라25 1TB 모델(약 2,070,400원) 1대, 아이폰 17 Pro Max(약

2,000,000원) 1대 개통하면 됩니다.

휴대폰 배달기사: 알겠습니다.

기사 사정으로 2시 30분에 도착한다고 하니, 사기범은 대출 진행자에게 다시 시간을 조정합니다.

사기범: 좀 전에 반월당역에서 2시에 보기로 했는데, 일이 생겨 시간이 촉박합니다. 2시 30분까지 반월당역 1번 출구에서 뵙는 걸로 하시죠.

대출 진행자: 네, 알겠습니다.

2시 30분, 반월당역 1번 출구에서 대출 진행자와 휴대폰 배달기사가 만납니다. 휴대폰을 '본인 명의로' 개통하는 행위 자체만 놓고 보면 겉으로는 정상 거래처럼 보이기 때문에, 사기범들은 그 점을 이용합니다.

사기범: 제가 급한 일이 있어 직원이 대신 나갔습니다. 직원과 일 처리하시고 직원에게 휴대폰 판매금을 받으시면 됩니다. 지금 막 도착할 겁니다.

휴대폰 배달기사: 대표님, 지금 막 도착해서 만났습니다. 일 처리 끝나고 연락드리겠습니다.

사기범: 앞에 손님 바꿔 주세요. (대출 진행자에게) 앞에 있는 사람이

제 직원이니 같이 움직이시면 됩니다.

요즘은 골목마다 휴대폰 대리점이 많습니다. 휴대폰 배달기사는 근처 대리점을 가리키며 대출 진행자 혼자 개통하도록 보냅니다. 예전에는 같이 동행하는 경우도 있었지만, 최근에는 사고가 많아 대리점에서 의심할 가능성이 커졌기 때문에 대출 진행자만 보내고 커피숍 등에서 기다립니다.

휴대폰 배달기사: 저기 대리점이 많으니 아무 곳이나 가서 갤럭시 울트라25 1TB 모델, 색상은 티타늄 블랙으로 1대 개통하고 오시면 됩니다.

대출 진행자: 알겠습니다.

대출 진행자는 대리점에서 정상적인 절차로 할부 개통을 진행합니다. 배달기사는 편안하게 기다리며 사기범과 통화합니다.

휴대폰 배달기사: 대표님, 지금 개통하러 갔는데 갤럭시는 얼마 주면 되겠습니까?

사기범: 갤럭시랑 아이폰 합쳐 대당 75만 원씩, 총 150만 원 주면 됩니다.

휴대폰 배달기사: 알겠습니다. 저는 얼마 챙겨주실 겁니까?

사기범: 대당 10만 원씩, 20만 원 챙겨드리겠습니다.

휴대폰 배달기사: 이번에는 많이 남는 것 같은데 5만 원씩만 더 챙겨주십시오. 앞으로 더 열심히 하겠습니다.

사기범: 알겠습니다.

개통이 진행되는 동안 사기범은 수거책에게도 연락해, 개통된 휴대폰과 유심을 회수하도록 움직입니다.

사기범: 4시쯤 반월당역에 건이 하나 있습니다. 갤럭시 울트라25 1TB 1대, 아이폰 17 Pro Max 1대, 유심 2개입니다. 기계값 150, 배달기사 30 해서 총 180 주고 찾아오세요. 연락처는 010-0000-0000, 배달기사 김실장입니다.

휴대폰 수거책: 알겠습니다.

30분 후, 대출 진행자는 갤럭시 울트라25 1TB를 개통해 커피숍으로 돌아옵니다.

휴대폰 배달기사: 하나 더 개통해야 하니, 일단 휴대폰이랑 박스는 여기 주세요. 하나 더 개통해오세요. 사장님이 대당 75만 원씩 주라고 하셨는데 맞죠?

대출 진행자: 네, 맞습니다.

휴대폰 배달기사: (현금 75만 원을 건네며) 한 번 세어보세요.

대출 진행자: 세어보니 75만 원이 맞습니다.

휴대폰 배달기사는 두 번째 개통까지 지시합니다.

휴대폰 배달기사: 이번에는 아이폰 17 Pro Max 검정으로 개통해주시면 됩니다. 혹시 조금 전에 개통한 이력이 보이면, 유튜브 촬영을 할 예정이라 휴대폰이 한 대 더 필요하다고 하세요. 조금 전에 갔던 대리점 말고 다른 대리점으로 가세요. 그리고 개통해서 되파는 거라고 말하시면 안 됩니다.

대출 진행자: 네, 알겠습니다.

이후에도 같은 방식으로 아이폰 개통을 마치고 돌아오면, 배달기사는 휴대폰과 유심을 챙기고 돈을 건넵니다. 수거책은 약속 장소(예: 반월당역 인근 스타벅스)로 와서 물건과 유심을 확인한 뒤, 배달기사에게 기계값과 수당을 지급하고 물건을 가져갑니다.

마지막으로 사기범은 대출 진행자에게 전화해 "두 달 뒤 5천만 원 저금리 대출을 도와주겠다", "단말기 값과 요금은 우리가 낸다" 같은 말로 안심시키며 희망을 미끼로 붙잡아 둡니다.

하지만 두 달이 지나면 연락은 끊기고, 남는 것은 본인 명의로 개통된 고가 단말기의 할부금과 통신요금, 그리고 각종 소액결제 피해입니다. 더 나아가 유심이 범죄에 사용되면 전기통신사업법 위반 등으로 형사처벌 위험까지 생길 수 있습니다.

결론적으로 내구제 대출은 "나를 구제해주는 대출"이 아니라, 나를 더 깊은 빚과 법적 위험으로 몰아넣는 방식입니다. 돈이 급한 사람의 간절함을 이용해 "요금도 단말기 값도 우리가 낸다", "두 달 뒤 큰 금액을 저금리로 도와주겠다"는 식의 희망고문으로 말도 안 되는 선택을 하게 만드는 것입니다.

예방 방법

내구제 대출은 '나를 구제하는 대출'이 아니라 '나를 죽이는 대출'이라는 사실을 잊지 마셔야 합니다. 휴대폰을 개통해 단말기와 유심을 넘기는 순간, 단말기 할부금·통신요금·소액결제 피해를 본인이 떠안게 될 가능성이 매우 큽니다. "이런 방식으로 5천만 원까지 저금리 대출이 나온다"는 말 자체가 현실적으로 성립하기 어렵다는 점도 꼭 기억하셔야 합니다.

또한 누가 어떤 이유를 들더라도 "유심을 넘겨 달라"는 요구는 매우 위험합니다. 유심이 범죄에 악용될 경우 본인이 큰 불이익과 형사책임을 질 수 있으니, 어떤 상황에서도 유심을 양도하거나 넘기는 일은 하지 마셔야 합니다.

소액 보상 후
욕심을 자극하는 방법

팀미션 사기

'영상을 보고 구매 후기를 써주시면 돈을 드립니다'

사기범들은 SNS나 문자, DM으로 "부업하실 분, 알바하실 분" 광고를 하거나, 불특정 다수에게 메시지를 뿌립니다. 요즘처럼 경제가 어려운 시기에 '무슨 일이든 해서 버텨보려는 사람'들이 범죄 표적이 되는 겁니다.

피해자는 광고를 보고 연락합니다.

피해자: 알바 광고 보고 연락드립니다.

사기범: 어떤 알바를 원하시나요? 두 종류의 부업이 있습니다.

사기범은 장문의 안내 메시지를 복사해 보내줍니다. 그리고 "영상

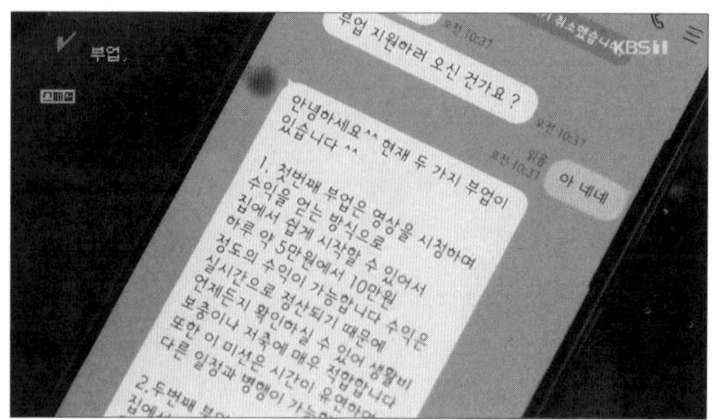

광고를 본 피해자와 팀미션 사기범의 SNS대화내용

영상을 보면 수익을 준다는 팀미션 사기범의 SNS대화내용

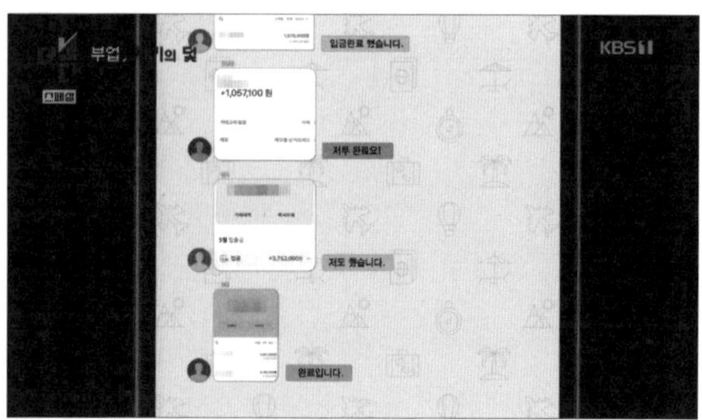

피해자를 현혹시키기 위해 팀미션사기(공범) 바람잡이들이 입금을 했다는 단톡
방 대화 내용

 범죄의 심리학

시청 알바"를 보여줍니다. 짧은 영상은 500원, 긴 영상은 8,800원까지 알바비를 지급한다고 하며, 수익이 찍힌 이미지까지 첨부합니다.

피해자: 영상을 시청만 하면 돈을 준다고요?

사기범: 네. 저희 회사는 영상 시청 수익, 광고 수익, 판매 수입으로 매출을 올리는데 요즘 조회수가 너무 안 나와서요. 영상만 봐주시고 댓글, 후기만 달아줘도 수익을 드리고 있습니다.

피해자는 반신반의하면서도 "요즘엔 진짜 이런 것도 있나?" 하는 마음이 듭니다.

피해자: 영상 시청 부업을 원합니다.

사기범: 네. 제가 사이트 주소 보내드릴 테니 회원가입하세요. 링크 들어가셔서 권한 안내 뜨는 거는 안내에 따라 허용 누르시고, 영상 시청하시면 됩니다.

사기범이 보낸 링크를 열어보면, 다른 곳에서 도용한 영상들이 잔뜩 걸려 있습니다. 가전제품 영상, 유아용품 영상, 청소기, 안마기 같은 제품 영상도 보입니다. 1분 미만 영상도 있고 20분짜리 영상도 있습니다. 피해자는 '속는 셈 치고' 시간을 내서 영상을 보기 시작합니다.

오후 3시부터 밤 11시까지. 수십 개의 영상을 보고 나니, 관리자가 말을 겁니다.

> **사기범**: 고생하셨습니다. 오늘 영상시청 수익 정산해드릴게요. 500원
> 짜리 44개 2만2천원, 1,000원짜리 10개 1만원, 8,000원짜리 1
> 개 4만원. 포인트로 적립되어 있으니 언제든 환전 신청하시
> 면 출금 가능합니다.

피해자는 사이트에 들어가 포인트를 확인합니다. 정말로 40,000포인트가 적립돼 있습니다. 환전받을 계좌를 입력하라고 해서 입력하고 환전 신청을 해봅니다. 그런데 놀랍게도, 3분도 되지 않아 실제 통장에 40,000원이 입금됩니다.

이때 피해자는 "아, 이거 사기 아니네"라는 생각을 합니다. 이게 덫입니다. 사기범들이 소액을 먼저 입금해주지 않으면, 다음 단계로 큰돈을 뽑아낼 명분이 없습니다. 그래서 일부러 4만 원, 5만 원 같은 소액은 '미끼'로 던집니다. 피해자 입장에선 "내가 직접 출금까지 확인했다"는 경험이 생기면서, 경계심이 확 내려갑니다.

그다음 단계가 단톡방입니다.

사기범은 피해자를 단톡방으로 초대합니다. 들어가 보니 100명 정도 되는 사람들이 참여하고 있습니다. 채팅창에는 "오늘 얼마 벌었다" "대표님이 집어준 물건으로 수익 났다" 같은 말이 계속 올라옵니다. 작게는 몇십만 원, 많게는 수백만 원까지 벌었다며 입금 내역 캡처를 올

리고, "감사합니다" "대표님 최고" 같은 인사를 쏟아냅니다.

> **바람잡이1(사기꾼)**: 대표님! 오늘 대표님이 집어준 물건으로 60만 원 수익 올렸습니다. 감사합니다.
>
> **바람잡이2(사기꾼)**: 저는 시드머니가 부족해서 15만 원밖에 못 벌었네요. 그래도 감사합니다. 내일은 자금 좀 구해서 수익 높은 곳 참여하겠습니다.
>
> **바람잡이3(사기꾼)**: 오늘은 바빠서 참여 못했는데 내일은 꼭 참여하겠습니다.
>
> **바람잡이4(사기꾼)**: 팀미션 초대해주셔서 280만 원 수익 올렸습니다. 감사합니다. 내일도 부탁드립니다.

관리자(대표 사기꾼)는 분위기를 정리하듯 말합니다.

> **관리자**: 회원님들이 저를 믿고 따라주셔서 저희 회사 매출도 두 배로 올랐습니다. 혼자서는 위험한 세상을 헤쳐 나갈 수 없으니, 앞으로도 많이 도와주세요. 팀미션은 오전 11시, 오후 8시 하루 두 번 참여 가능합니다. 참여하실 분은 관리자 1:1 채팅창에 예약 남겨주세요.

단톡방의 수십 명이 일제히 "콜입니다" "예약했습니다" "저도 합니다” 하고 반응합니다. 피해자 입장에서는 이쯤 되면 마음이 흔들립니다. “다들 하는데 나도 한번 해볼까?” 그리고 그 타이밍에, 사기범이 1:1로 찔러 들어옵니다.

관리자: 이미진님도 내일 팀미션 물품구매 참여 한번 해보세요.

피해자: 어떻게 해야 합니까?

관리자: 제가 지정해주는 물건을 사면 물건값의 30% 포인트가 적립됩니다. 원금 포함 + 30%를 당일 환전해가는 방식입니다.

피해자: 이렇게 하면 회사는 남는 게 있나요?

관리자: 물건 구매율이 올라가면 브랜드가 되고, 광고수익도 올라가고, 회사 주가도 오릅니다. 저희는 미래를 보고 투자하는 겁니다.

사기범은 말도 안 되지만 그럴듯한 논리를 붙입니다. 그리고 피해자는 단톡방에서 계속 올라오는 입금 인증, 오늘 직접 받았던 4만 원 입금 경험 때문에 ‘완전히 가짜는 아닌가 보다’ 쪽으로 마음이 기웁니다.

관리자: 팀미션 참여는 제품 단가가 있어서요. 500만 원 정도는 준비하셔야 합니다. 500만 포인트 충전하고 제가 지정하는 물건만 구매하시면 됩니다. 일이 끝나면 원금 500 + 30% 수익 환전해가시면 되는 겁니다.

피해자: 수익은 당일 지급이고 원금도 같이 당일 환전되는 건가요?

관리자: 네. 맞습니다.

피해자: 500만 있으면 되는 건가요?

관리자: 제품 가격이 그때그때 다른데 욕심만 없으면 500으로도 가능합니다. 다만 수익 좋은 물량이 한번씩 나오니까 여유 자금이 있으면 더 좋고요.

의심이 많은 사람은 하루이틀 눈팅을 합니다. 그런데 단톡방 분위기는 매일 똑같습니다. 매일매일 수익 인증이 올라옵니다. 사실 그건 피해자를 속이기 위한 '연극'입니다. 해외 범죄 단지에서 합숙하며 계정을 여러 개 돌려 1인 4~5역을 하는 조직이라, 채팅 정황만 보고 사기인지 아닌지 판단하기가 어렵습니다.

결국 피해자는 참여를 결심합니다.

피해자: 참여하겠습니다. 어떻게 하면 되죠?

관리자: 오늘은 이미 오전·오후 참여가 끝났고 내일 오전에 하실래요, 오후에 하실래요?

피해자: 오전이요.

관리자: 오전 11시에 시작하니 늦어도 10시까지는 포인트 충전해주셔야 합니다.

다음날 아침, 피해자는 관리자가 준 계좌로 500만 원을 입금합니다.

피해자: 500 입금했습니다.

관리자: 확인되셨고요. 힘내시라고 10만 포인트 더 넣어서 510만 포인트 적립해드렸습니다.

그리고 20명 정도 있는 소규모 단톡방으로 초대합니다. 이제부터 분위기가 달라집니다. "개인행동 금지" "시간 엄수" "실수하면 팀 손실" 같은 압박이 시작됩니다.

관리자: 오늘 오전 팀미션 20명 참여합니다. 개인행동 하면 본인뿐 아니라 팀원들에게 손해와 불이익이 생길 수 있습니다. 한 가족이라 생각하고 긴장해서 참여해주세요. 10시 정각 시작입니다. 10시 55분까지 단톡방에 꼭 참석하세요.

(여기서부터 피해자는 '돈을 넣었으니 뺄 수 없다'는 심리로 묶입니다.) 드디어 첫 미션이 뜹니다.

관리자: 949,000원짜리 청소기입니다. 포인트 30% 적립. 구매시간 5분. 시작합니다.

피해자는 포인트로 물건을 구매하고, 배송지를 본인 집으로 넣고, 후기까지 50자 이상 쓰고, 인증을 올립니다. 다른 사람들도 우르르 인증을 올립니다. 그런데 그 "다른 사람들"은 대부분 바람잡이입니다.

> **관리자:** 고생하셨습니다. 포인트 284,700 적립해드렸습니다. 확인하
> 세요.

포인트가 실제로 늘어납니다. 피해자는 더 믿게 됩니다.
두 번째 미션도 비슷합니다.

> **관리자:** 1,790,000원 침대. 적립 25% 447,500. 구매시간 5분.

역시 성공. 포인트가 적립됩니다. 피해자는 마음이 놓입니다. "진짜
네. 당일 환전만 하면 되겠네."
그리고 세 번째에서 올가미가 조여옵니다.

> **관리자:** 이번 미션 배당 좋습니다. 3,699,000원 세탁건조기. 적립
> 40% 1,479,600. 구매시간 4분.

피해자는 순간 멈춥니다. 남은 포인트가 부족합니다. 5,100,000에서
두 미션을 쓰고 나니 남은 포인트가 2,361,000. 세탁건조기 3,699,000
을 사려면 1,338,000이 모자랍니다.

피해자: 포인트가 부족해서 구매가 안 됩니다.

바람잡이: 그게 무슨 말인가요? 넉넉히 충전해놓으셔야죠.

바람잡이: 시간 없어요. 빨리 충전하고 구매 인증해주세요.

관리자: 2분 남았습니다. 빨리 처리하세요.

피해자는 손이 떨립니다. '내가 실수하면 팀이 손해를 본다'는 압박, '지금까지 쌓은 포인트가 날아간다'는 공포가 동시에 옵니다.

피해자: 충전은 오전에 했던 계좌로 하면 되나요?

관리자: 네 맞습니다. 시간 없으니 빨리 충전하세요.

피해자는 급한 나머지 200만 원을 추가 입금합니다. 그런데도 구매가 안 됩니다. 그리고 사기범이 바로 "시간 마감"을 선언합니다.

관리자: 아쉽게도 4분 마감되어 이번 미션은 실패입니다. 지금까지 쌓아온 포인트는 소멸됩니다.

그 순간 단톡방에서 바람잡이들이 피해자에게 몰아붙입니다.

바람잡이: 충전하는 게 아니라 구매를 해야죠.

바람잡이: 다들 손실 나게 생겼는데 어떻게 할 겁니까?

　　　　　　　　　　　　　　　　　　　　범죄의 심리학

바람잡이: 아, 짜증나.

피해자는 죄책감과 공포에 휩쓸립니다. "내가 처음이라 실수했다"고 하며 사과합니다. 그때 바람잡이들이 갑자기 "대표님 기회 한 번만 더 주세요"로 태세를 바꿉니다. 이것도 전부 연기입니다. '피해자가 끝까지 돈을 더 넣게 만드는' 전환 구간입니다.

관리자: 제가 세탁기 대표님께 사정해서 기회 한 번 더 받아보겠습니다.

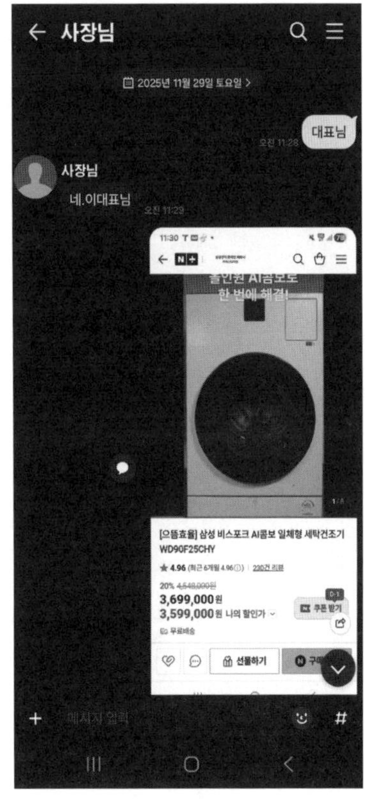

그리고는 '대표와 세탁기 대표의 대화 캡처'라는 가짜 증거를 보내옵니다.

관리자: 기회를 한 번 더 얻었습니다. 단, 조건이 있습니다. 물량을 많이 넣어주기로 해서 1인당 세탁건조기 3대 구매해야 합니다. 적립은 35%로 맞춰놨습니다. 12시에 시작합니다. 이번엔 절

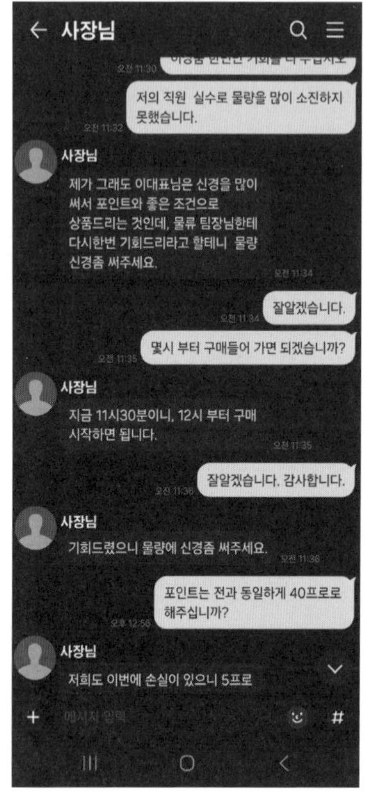

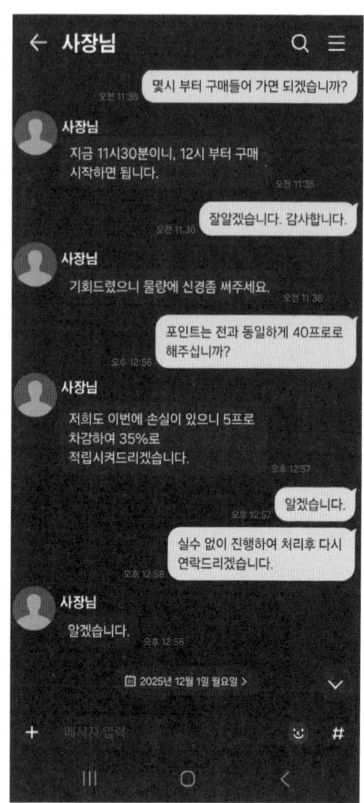

피해자에게 믿음을 주기 위해 사기범끼리 쇼핑몰 관계자를 사칭한 대화내용

대 실수 없게 긴장해주세요.

피해자는 여기서 무너집니다. "3대"를 사려면 포인트가 훨씬 더 필요합니다. 그런데 이미 500 + 200을 넣었고, 여기서 멈추면 돈이 끝이라는 느낌이 듭니다. 결국 지인에게 빌리고, 카드론을 받고, 심지어 쓰면

범죄의 심리학

안 되는 돈까지 손을 대서 따라갑니다.

12시 미션이 끝나고, 드디어 환전을 신청합니다.

그런데 돈이 들어오지 않습니다.

단톡방을 보면 또 바람잡이들은 "입금됐습니다"라며 캡처를 올립니다. 피해자만 돈이 안 들어옵니다.

피해자: 저는 아직 환전 입금이 안 됐는데요?

바람잡이: 그런 건 관리자님께 1:1 메시지 보내면 빨리 처리해줍니다.

피해자는 관리자에게 1:1로 문의합니다.

피해자: 대표님, 저는 아직 환전이 안 됐습니다. 무슨 일이 있나요?

관리자: 잠시만요. 제가 환전 전산팀에 확인하고 연락드릴게요.

5분 후.

관리자: 이미숙님은 오늘 첫 거래죠? 요즘 범죄수익금이 세탁 목적으로 들어오는 경우가 있어서 계좌가 묶이는 일이 종종 있어요. 환전하시려면 환전금액의 30% 정도 보증을 해주셔야 바로 인출 가능합니다.

피해자: 보증을 안 하면요?

관리자: 빠르면 1주일, 늦으면 한 달 걸립니다.

피해자는 한 달을 기다릴 수 없습니다. 이미 빌린 돈을 "오늘 준다" 해놓고 빌렸기 때문입니다. 그래서 또 보증금 30%를 입금합니다. 그런데도 환전이 안 됩니다.

피해자: 보증금도 입금했는데 또 환전이 안 됩니다.

관리자: 잠시만요. 제가 체크하고 바로 연락드릴게요.

5분 후.

관리자: 저희는 법인이라 3.3% 소득신고를 해야 합니다. 24,330,995원에 대한 세금이 802,922.84원입니다. 지금 보내주시면 바로 처리됩니다.

여기까지 오면 피해자는 멈출 수가 없습니다. 이미 넣은 돈이 너무 크니까요. 결국 세금까지 보냅니다. 그래도 환전은 안 됩니다.

그 다음부터는 무한 루프입니다.

환전 계좌를 잘못 썼다, 1원 차이로 오입금했다, 주민번호가 틀렸다, 전산 오류가 났다, 새로 보증금을 다시 넣어야 한다… 핑계가 계속 바뀌고, 요구하는 돈이 계속 늘어납니다. 피해자는 지인에게 더 빌리고,

대출을 받고, 통장 잔액이 바닥날 때까지 털립니다. 영혼까지 털리고 나서야 "사기였다"는 것을 깨닫고 신고합니다.

사기범들은 대포통장, 대포폰, 대포계정을 쓰고, 해외에 거점(캄보디아·중국·베트남·라오스·필리핀·미안마 등)을 두는 경우가 많습니다. 특정도 어렵고, 특정이 어렵다 보니 검거도 어렵고, 검거가 어렵다 보니 피해금 환급은 더 어렵습니다.

예방 방법

세상에 자기 돈을 먼저 '충전'해야 하는 알바는 없습니다.

영상 시청, 후기 작성, 물건 구매를 하면 수익이 난다는 구조 자체가 정상적인 일거리가 아닙니다. 정상적인 회사라면 자기네 매출 올리려고 알바비를 준다면서, 왜 굳이 SNS에서 모르는 사람에게 "돈을 먼저 넣고 시작하라"고 하겠습니까.

그리고 사기판이 진짜 무서운 지점은 "처음에 소액 환전을 실제로 해준다"는 겁니다. 4만 원, 5만 원을 실제로 입금해주면 사람 마음이 풀립니다. 그 다음부터 단톡방 바람잡이들이 "나도 벌었다" "대표님 최고"를 쏟아내며 분위기를 만들고, 마지막엔 시간 제한·팀 손실·개인행동 금지 같은 말로 압박을 걸어 "추가 입금"을 만들어냅니다. 그 순간부터는 돈을 벌려는 알바가 아니라, 돈을 뽑아내는 갈취 게임이 됩니다.

그리고 절대 잊지 말아야 할 문장 하나.

"보증금 내면 환전된다." "세금 내면 환전된다." "수수료 내면 환전된다."

이 말이 나오는 순간부터 환전이 아니라 갈취입니다. 정상적인 곳은 환전을 막아놓고 추가 입금을 요구하지 않습니다.

마지막으로, 링크를 보내면 클릭하지 말고 앱스토어/플레이스토어에 정식 등록된 앱인지, 다운로드 수가 충분한지, 리뷰가 자연스러운지 먼저 확인해야 합니다. 계좌도 마찬가지입니다. 사이트 이름과 동일한 법인 계좌가 아니라, 개인 명의 계좌로 입금하라고 하는 순간 그건 거의 100% 사기입니다.

판단력을 마비시켜 사기 치는 방법

부업 알바 사기

'사모님이나 기업인 만나서 간단히
밥이나 술만 드셔주시면 돼요'

사기범들이 타인 명의 계정으로 SNS나 문자 광고를 합니다. 그리고 경제가 힘든 틈을 타, "알바라도 해야지" "부업이라도 해야지" 하며 버티려는 사람들을 표적 삼습니다.

피해자: 광고 보고 연락드립니다.

사기범: 어떤 광고를 보셨죠?

피해자: 인스타에 부업·알바 광고 보고 연락드립니다.

사기범: 성함, 성별, 나이, 지역, 지금 하시는 일 적어서 보내주세요.

피해자: 이름 이기동, 남자, 45, 서울, 무직입니다.

사기범: 네.

피해자: 알바가 어떤 일입니까?

사기범: 40~60대 사모님 상대로 애인이 되어주는 일입니다.

피해자: 애인이요?

사기범: 네. 멤버십으로 기업 회장님 사모님들이 전국에 회원으로 많이 계세요. 저희가 지정한 날짜·시간·장소에 나가셔서 차, 식사, 술 같이 하면서 말동무가 되어드리는 겁니다. 2~3시간 대화 상대만 해주고 오시면 됩니다.

피해자는 '술, 식사, 차' 정도야 어렵지 않겠지 싶어, 살짝 마음이 움직입니다.

피해자: 술, 식사, 차만 마시고 대화 상대만 하면 되는 건가요?

사기범: 네. 다만 저희도 일을 맡기는 입장이라 인물과 사이즈를 봐야 해서요. 키, 몸무게, 셀카 사진 3장 보내주세요.

피해자: 키 178, 몸무게 80. 셀카 사진 지금 보냈습니다.

사기범: 키도 적당하고 인물도 남자답게 좋으시고, 사이즈도 괜찮으시네요.

피해자: 아닙니다. 사진 빨입니다.

사기범: 결혼은 하셨나요?

피해자: 3년 전 이혼했습니다.

사기범: 아… 아픈 상처를 물어봐서 죄송합니다.

피해자: 아닙니다.

피해자: 그럼 알바비는 어떻게 됩니까?

사기범: 사모님들 사이즈에 따라 다르긴 한데 평균 두 시간 기준 40~50 정도 지급합니다.

피해자: 40~50이나 준다고요?

사기범: 네.

피해자: 어려운 일도 아닌데 왜 그렇게 많이 주십니까?

사기범: 해보시면 쉬운 일만은 아닙니다. 남편들이 돈이 많다 보니 갑질도 많고요. 알바하시는 분을 무시하기도 하고, 사람 비위 맞추는 게 결코 쉽지 않습니다.

피해자: 아… 그런가요? 근데 이런 일 하려는 사람 저 말고도 많지 않나요?

사기범: 시작은 많은데, 끝까지 함께 가는 사람이 없네요.

피해자: 그게 무슨 말입니까?

사기범: 어린 친구들은 예의가 없고, 나이가 좀 있고 조건 되는 분들 중엔 가까워졌다 싶으면 사모님한테 돈 빌려달라 하거나 선물 사달라 하고, 심지어 남편에게 불륜 폭로하겠다고 협박하는 사고가 종종 있어요. 일은 많은데 저희 팀이랑 오래 가는 사람이 잘 없습니다.

사기범이 말하는 내용이 그럴싸하게 들립니다. 피해자는 "나는 그런 사람 아니니까 괜찮겠지" "나는 잘할 수 있을 것 같은데"라고 생각합니다.

피해자: 저는 잘할 수 있을 것 같습니다.

사기범: 한두 번 해보면 사모님 평가가 바로 나옵니다. 일단 한 번 시작해봅시다. 조건은 70% 넘었어요. 우리 잘 해봅시다.

피해자: 알겠습니다. 제가 뭘 하면 됩니까?

사기범: 언제부터 가능하세요?

피해자: 오늘부터 바로 가능합니다.

사기범: 지역은 어디가 괜찮으세요?

피해자: 차가 있어서 서울·경기도면 괜찮습니다.

사기범: 이 일은 유명인, 공인, 사모님들이라 보안이 중요합니다. 말 새어나가서 언론에 보도되면 저희 일 자체가 끝입니다.

피해자: 알겠습니다.

사기범: 알바 잡히는 대로 연락드릴게요.

피해자: 알겠습니다.

피해자는 "별로 어렵지 않을 것 같다"는 생각으로 대기합니다.
30분 후.

사기범: 이태원 쪽 약속 하나 잡혔습니다.

피해자: 네.

사기범: 지금 3시인데 6시까지 이태원 가능하나요?

피해자: 네 가능합니다.

사기범: 사모님들은 품격을 중요하게 봅니다. 비싼 옷까지는 아니어도 정장에 최대한 깔끔하게 입고 나오세요.

피해자: 네 알겠습니다.

사기범: 미용실 가서 머리도 깔끔하게 하고 준비 좀 해주세요.

피해자: 알겠습니다. 이태원 어디로 가면 될까요?

사기범: 일단 이태원 쪽으로 늦지 않게 출발하시고요. 장소는 정해지는 대로 보내드릴게요.

피해자는 머리도 하고, 옷도 최대한 신경 써서 이태원으로 향합니다. 5시 30분쯤.

사기범: 오고 계십니까?

피해자: 10분이면 도착합니다.

사기범: 일이 좀 생겼습니다.

피해자: 무슨 일인가요?

사기범: 강남 쪽에 나갔던 알바생이 사모님이랑 눈이 맞아서, 사무실로 들어와야 할 비용이랑 알바비 들고 잠수 타는 일이 있었어요. 저희도 곤란합니다. 저희 일이 범죄는 아니지만 긍정적인 일도 아니라 세게 대응을 못하거든요. 기동 씨도 첫 거래고,

저희도 기동 씨가 어떤 사람인지 모르니 서로 불편함 없게 하려면 보증금 200만 원은 걸어주셔야 할 것 같습니다.

피해자: 200만 원이요?

사기범: 저희가 두 시간 기준으로 사모님께 비용 200 정도 받습니다. 그 정도는 보증해주셔야 합니다.

피해자: 저는 두 시간에 40~50만 원 준다고 하셨잖아요.

사기범: 맞습니다. 저희 직원들도 먹고 살아야죠. 광고 직원, 대표, 저, 사무실 임대료, 운전기사, 이런 비용 다 빠져나갑니다.

피해자는 이미 머리하고, 옷 갖춰입고, 시간을 써서 여기까지 왔습니다. 그래서 판단이 흐려집니다. "여기서 그만두면 오늘 준비한 게 아깝다" "200만 원만 걸면 오늘 끝나고 돌려받는다니까…" 이런 심리가 붙잡습니다.

피해자: 입금하면 보증금은 언제 돌려주나요?

사기범: 오늘 일 끝나고 문제 없으면 바로 알바비와 함께 정산됩니다. 저희도 정확하게 하려는 거고요. 첫 거래만 잘되면 그 다음부터는 보증금 없이 편하게 일하시면 됩니다.

피해자: 알겠습니다. 계좌번호 주세요.

사기범: 카카오뱅크 3333-5555-7777 손상태. 입금 후 메시지 주세요.

피해자는 200만 원을 송금합니다.

     범죄의 심리학

피해자: 입금했습니다.

사기범: 확인했습니다. 장소 체크 후 연락드리겠습니다. 조금만 기다
려주세요.

… 그리고 잠깐 후.

사기범: 이번에 만나실 사모님은 정말 돈도 많고 명예도 있는 분이라서
요. 사장님이 보증금 200 가지고는 안 되고 천만 원은 받아야
한다고 합니다. 요즘 사고가 많아서 저도 욕 엄청 먹었습니다.

사기범은 "사장님과 팀장"의 가짜 카톡 대화 캡처를 보냅니다.
"200 확인 부탁" "평창동 사모님 페이 얼마인데 200만 받았냐" "800
더 받아라" 같은 내용으로 피해자가 죄책감을 느끼도록 압박합니다.

피해자: 800을 더 보증해야 한다고요?

사기범: 네. 그렇습니다.

피해자: 지금 800이 없는데요. 200도 지인한테 '오늘 끝나고 준다'고
빌린 겁니다.

사기범: 회사 규칙이고 사장님이 시키는 거라 저도 곤란합니다.

피해자가 "그럼 200 돌려달라"고 하면, 사기범은 또 캡처를 보냅니

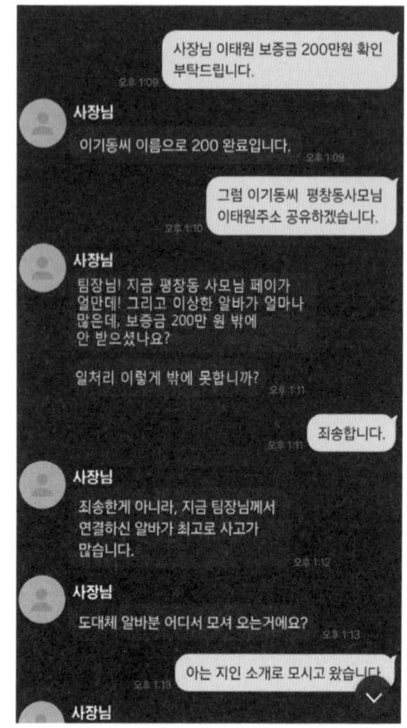
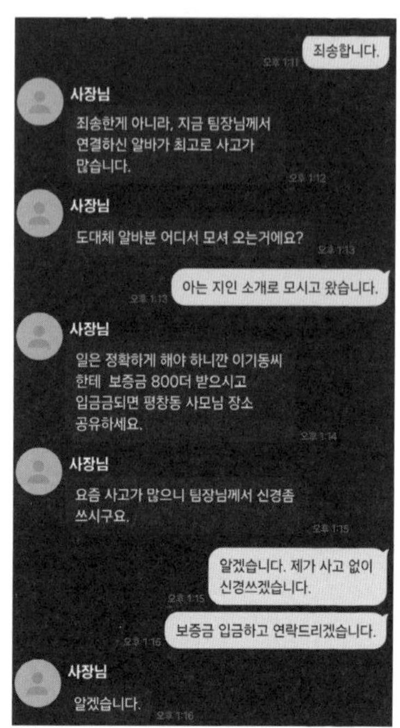

피해자에게 믿음을 주기 위해 사기범끼리 사장님을 사칭한 대화 내용

다. "운전기사도 움직였고 회사 손해" "팀장 수당에서 200 차감" 같은 말로, 피해자가 '내가 피해 주는 사람'이 된 것처럼 몰아갑니다.

사기범: 저도 직원이라 이번 일 성사 안 되면 제가 200 손해 봐야 합니다. 기동 씨가 조금만 도와주세요.

피해자: 정말 800은 구할 데가 없습니다.

사기범: 그럼 제가 300 보증할 테니, 기동 씨가 500만 구해보세요. 오

범죄의 심리학

늘은 사모님 중에서도 A급이라 알바비가 세요. 시간당 150, 3
시간이면 450 정도 생각하시면 됩니다. 늦으면 실례니까 서
둘러주세요.

피해자는 여기서 완전히 흔들립니다.
"500만만 구하면 오늘 450 벌고, 보증금도 돌려받고, 손해가 아니라
오히려 이익이다(라고 믿게 되는 상태)"
이게 사기범들이 노리는 지점입니다.

피해자: 400은 구했는데 500은 힘듭니다.
사기범: 시간 없으니 일단 400을 아까 계좌로 보내세요. 100은 제가
사비로 맞춰서 올리겠습니다.

피해자는 400만 원을 송금합니다.
이제 피해자가 보낸 돈은 총 600만 원입니다(200 + 400).
입금 후 이미 6시가 넘어버렸습니다. 사기범은 급하게 "장소"를 던져
줍니다. 이때 장소는 실제 약속 장소가 아니라, 사기범이 급히 검색해
만든 그럴듯한 레스토랑이거나, 아예 의미 없는 곳일 때가 많습니다.

사기범: 주소 찍어줄 테니 이태원 교양식사(레스토랑)로 가시길 바랍
니다.

피해자: 알겠습니다.

사기범: 거기까지 얼마나 걸리나요?

피해자: 1km라 10~15분은 걸릴 것 같습니다.

사기범: 지금 시간이 지났는데도 안 온다고 사모님이 화가 많이 나셨
어요. 빨리 가세요.

피해자는 뛰다시피 움직입니다.

몇 분 후.

사기범: 지금 어디까지 가셨나요?

피해자: 최대한 빨리 가는 중입니다. 10분 정도 더 걸릴 듯합니다.

사기범: 첫 만남에 약속시간 어겼다고 사모님이 화가 나서 지금 막 가
셨다고 합니다.

피해자: 네? 가셨다고요?

사기범: 그러게 빨리 움직이라고 하지 않았습니까.

피해자: 아니, 팀장님이 주소를 늦게 줘서… 지금 숨도 안 쉬고 가는
중인데요. 제가 잘해드린다고 다시 오시라고 하면 안 되나요?

사기범: 일단 연락해보겠습니다.

5분 후.

사기범: 화가 많이 나셔서 전화도 안 받습니다. 원래 있는 사람들이 더 합니다. 갑질이 심해요.

피해자: 그럼 저는 이제 어떻게 해야 합니까?

사기범: 다른 약속 잡아볼 테니 이태원에서 벗어나지 마시고, 날씨도 추우니 커피숍에서 따뜻한 커피 한 잔 마시고 계세요.

피해자는 커피숍에 앉아 기다립니다.

그리고 이때부터, 사기범은 계속해서 "사장님" "사모님" "보안" "사고" 핑계를 붙여가며 추가 돈을 요구합니다. 피해자가 "보증금 600을 돌려달라"고 하면, 사기범은 오히려 이렇게 나옵니다.

"당신이 약속 시간을 못 지켜서 일이 성사 안 됐다." "사모님이 화가 나서 손해가 났다." "운전기사 움직였고 사무실에서도 손해가 발생했다." "오히려 우리가 손해를 봤다." 즉, 돌려줄 의사가 없기 때문에 어떤 말이든 갖다 붙입니다.

피해자는 '600만 원을 못 돌려받는다'는 생각에 더 매달리게 되고, 그 매달림이 곧 추가 송금으로 이어집니다. 이렇게 대화를 하면 할수록 시간, 에너지, 돈이 같이 빠져나갑니다. 힘든 경제 속에서 "뭐라도 해서 살아보려는" 간절함을 이용하는 방식입니다.

예방 방법

세상에 자기 돈을 보증금·투자금으로 먼저 보내야 하는 알바는 없습니다.

특히 SNS에서 "쉬운 일, 고수익, 당일 정산"을 내세우면서 보증금을 요구하는 순간 100% 사기라고 봐야 합니다.

"있는 사람은 다를 것 같다"는 착각이 가장 위험합니다.

진짜 부자일수록, 3시간 밥 먹고 술 마셔주는 사람에게 '보증금 천만 원' 같은 말을 붙이지 않습니다. 있는 사람은 더 깐깐하고, 더 조용하고, 더 시스템으로 움직입니다.

게다가 "사장님이 화났다" "사모님이 갑질한다" 같은 말로 감정 흔들고 급하게 만드는 건 전형적인 사기 패턴입니다.

만약 알바생이 여성이라면 남성 기업 회장과의 데이트 제안처럼, 사기범들은 늘 피해자가 무엇을 원하는지 꿰뚫고 있습니다. SNS에서 혹하게 만드는 쉬운 제안을 던져놓고, 알바생에게 보증금이나 투자 명목으로 돈을 송금하라고 하는 건 100% 사기입니다.

이런 식으로 돈을 버는 곳도 없습니다. '있는 사람은 다를 것 같다'고 생각하기 쉽지만, 있는 사람이 3시간 밥 먹어주고, 차 마셔주고, 술 마셔주는 데 1,000만 원을 쓰겠습니까? 있는 사람일수록 더 안 씁니다.

만약 그런 게 진짜라면, 지금 통화하고 대화하고 있는 '내가' 밖으로 나가서 직접 어떻게든 해보려고 작업 중일 겁니다. 내가 재벌이라면 저런 행동을 하겠습니까? 입장을 바꿔서 생각해 보시길 바랍니다.

성적 욕구를 이용한 사기

성매매 사칭 사기

'출장안마입니다. 단속 심해서 교통비 선불로 받고 있습니다'

사기범들이 모텔이나 호텔, 주차되어 있는 차량에 명함을 뿌리거나, SNS상으로 출장안마 광고를 합니다. 이어 성매매를 원하거나 출장안마를 받고 싶은 사람이 범죄 표적 대상이 됩니다.

피해자: 광고 보고 전화드립니다.

사기범: 네. 어디서 광고 보셨죠?

(장난전화나 수사기관일 수도 있으니 반드시 확인함)

피해자: 제 승용차 유리에 꽂혀 있던 명함 보고 연락드렸습니다.

사기범: 아, 네. 지역이 어디십니까?

피해자: 대전 유성입니다.

미인계를 이용해 24시간 출장안마를 한다는 광고

사기범: 지금 몸매 좋고 예쁘고 서비스 좋은 아가씨들이 대기하고 있으니, 서비스 받으시려면 모텔이나 호텔에 직접 대실하시거나 숙박하셔서 연락 주셔야 합니다.

피해자: 비용은 얼마입니까?

사기범: 코스마다 다른데, 1시간 기준 15만 원, 2시간 25만 원, 3시간 35만 원, 12시간 풀코스는 120만 원입니다. 아가씨들 사진 한 번 보시겠습니까?

(역시 SNS에서 도용한 사진)

피해자: 전부 다 미인이네요. 진짜 이런 사람들이 서비스 온단 말인가요?

사기범: 30분도 안 돼 들통날 거짓말을 왜 합니까? 이런 사이즈 아니면 환불 100% 해드리겠습니다.

피해자: 두 번째 아가씨로 보내주세요.

사기범: 인기가 많은 아가씨인데, 보는 눈은 있으시네요.

피해자: 마사지만 하는 건가요?

사기범: 무엇을 원하시는데요?

피해자: 관계 같은 것은 안 되나요?

사기범: 동네 노래방 아가씨들이 아니라 모델 지망생들이라 몸매도 얼굴도 좋아 페이가 높습니다. 요즘 단속도 심하고 전화로 얘기하기는 곤란하니, 마음에 들면 아가씨와 직접 얘기하시면 됩니다.

사기범: 서비스는 길거리에서 받을 수 없으니 모텔이나 호텔에 들어가서서 문자로 장소와 호수를 보내주세요. 요즘 단속이 심하니 카운터에서 혼자 숙박이냐고 물으면 "30분 뒤 여자친구 한 명 더 올라온다"고 꼭 말씀하세요.

피해자는 예쁜 아가씨에게 서비스를 받기 위해 비교적 고급 모텔을 잡습니다.

피해자: 대전 유성 모텔나인 806호에 있습니다.

사기범: 주소를 찍어주세요.

피해자: 유성구 한밭대로 492번길 16-26입니다.

사기범: 요즘 성매매 단속이 심해서 승용차 이동은 안 하고 택시로 이동합니다. 택시비 5만 원은 선불로 입금해 주셔야 합니다.

피해자: 택시비를 왜 선불로 받습니까?

사기범: 단속도 심하고 장난전화가 많아서 그렇습니다. 서비스가 끝나면 택시비 5만 원 차감하고 정산합니다.

5만 원은 큰돈이 아니고, 장난전화·단속 때문이라는 명분이 있어 대부분 입금합니다.

피해자: 알겠습니다. 계좌번호 하나 주세요.

사기범: 우리은행 1002-663-1212** 최상진입니다.

피해자: 입금했습니다.

사기범: 확인했습니다.

5분 후

사기범: 지금 일이 좀 생겼습니다.

피해자: 무슨 일인가요?

사기범: 조금 전 다른 아가씨가 둔산동에 다녀오며 손님과 언쟁이 생겼고, 비용도 못 받은 채 폭행이 발생했습니다. 그래서 사장님께서 이제 서비스 보내기 전에 비용 선불로 받으라고 하십니다.

피해자: 얼굴도 못 봤는데 선불이라니요?

사기범: 불법이라 신고도 못 하는 점을 악용하는 사람들이 많습니다.

대신 마음에 안 들면 환불해 드립니다.

이미 모텔비 7만 원, 택시비 5만 원이 들어간 상태라 피해자는 심리적으로 압박을 받습니다.

피해자: 알겠습니다. 아까 그 계좌로 보내면 되나요?
사기범: 네, 맞습니다.
피해자: 15만 원 입금했습니다.
사기범: 확인했습니다.

3분 후

사기범: 계속 전화드려 죄송한데, 또 문제가 생겼습니다. 아가씨들이 일을 다니며 폭행을 당하는 일이 잦아 사장님께서 신변 보호 목적의 보증금 50만 원을 받으라고 하십니다.
피해자: 택시비, 선불, 이제 보증금까지 요구하는 곳은 처음입니다.
사기범: 오늘만 폭행 사고가 두 번 있었습니다. 사장님 지시라 저희도 어쩔 수 없습니다.

이때 수화기 너머로 여성의 목소리를 일부러 들리게 합니다.
"둔산동 코스모스 모텔, 보증금 50만 원 확인됐습니다. 지금 출발합니다.”

이는 사무실 내 공범 여성의 연출입니다. 피해자는 “나 말고도 다들 보증금을 보내는구나”라고 믿게 되고, 결국 보증금을 입금합니다.

피해자: 50만 원 보냈습니다.
사기범: 확인했습니다. 지금 출발합니다.

그러나 아가씨는 오지 않습니다. 이후에는 예약금, 순번 밀림, 추가 보증금 등을 이유로 계속 돈을 요구합니다. 처음부터 이들은 출장안마나 성매매를 할 생각이 없고, 목적은 오직 돈입니다.

통화를 하면 할수록 돈은 더 빠져나가고, 의심하면 조롱하거나 협박합니다. 결국 돈이 다 털릴 때까지 요구는 멈추지 않습니다.

예방방법

성을 파는 것도, 사는 것도 범죄 행위입니다. 이런 사기를 당하면 쪽팔림 때문에 신고도 못 하고 넘어가는 경우가 많습니다. 남성들에게 한마디 하겠습니다. 애인이나 와이프가 있다면 잘하십시오. 애인도 와이프도 없다면, 자위행위 한 번 하고 끝내는 게 경제적으로도, 정신적으로도 훨씬 이득입니다.

찔러보기 사기

외도 협박 보이스피싱

'불륜 저지르는 영상 갖고 있습니다. 돈 보내세요'

사기범들은 모텔이나 호텔, 주차장을 돌아다닙니다. 주차되어 있는 자동차의 차종, 차량 번호, 비상연락망을 전부 사진으로 찍어 저장해 둡니다. 이후 모텔이나 통화하기 조용한 곳에 자리를 잡고 일을 시작합니다. 협박을 하기 전, 전화를 거는 사람의 정보를 대충이라도 알아야 하므로 차량에 적혀 있는 비상연락망 전화번호를 사기범이 가지고 있는 대포폰에 저장해 보고, 카카오톡 연동을 시도합니다. 협박하려는 상대의 카카오톡 프로필 사진과 스토리를 보며 여성인지 남성인지, 결혼은 했는지, 어떤 일을 하는지 이 정도의 정보를 파악한 뒤 협박을 시작합니다.

사기범: 가정도 있고 자식도 있는 가장이 대낮에 호텔에서 외도나 하고 그러면 되겠어요?

사기범은 실제 외도 여부와 상관없이 이렇게 무작정 찔러 봅니다. 진짜 연인이나 부부와 함께 온 사람들은 압박이 덜하겠지만, 실제로 외도를 한 사람들은 자신의 행동 때문에 심한 압박을 느끼기 시작합니다.

피해자: 누구신데요?

사기범: 그건 알 것 없고. 지금 성관계 영상을 가지고 있으니, 불러주는 계좌로 천만 원 입금하세요.

피해자: 누구시냐고요?

사기범: 아직도 이 양반이 홍단인지 초단인지 구분이 안 가나? 사장님, 외도하고 재미있게 즐기려면 걸리지나 말고 조용히 놀던가. 3일 전에 물왕저수지에 있는 버니 모텔에서 예쁜 여자랑 재미있게 노는 거 찍혔는데, 이거 가족은 물론이고 많은 사람들이 보면 흥미로울 것 같은데요? 이 재미있는 영상이랑 천만 원이랑 바꾸자고 하는데, 아직도 말귀를 못 알아먹겠습니까?

피해자: 왜 이러시는 겁니까?

사기범: 왜 그러는지는 설명했잖아. 재미있는 영상 힘들게 찍었으니 제작비 달라는 건데, 제작비가 그렇게 비쌉니까?

자신의 행동에 찔리는 것이 많고 잃을 게 많은 피해자들은 돈을 주고 끝내려는 선택을 하게 됩니다.

피해자: 천만 원 보내면 진짜 영상 원본 파일 삭제하는 거 맞죠?

사기범: 내가 이 더러운 영상 가지고 있으면 뭐 하겠습니까? 목적은 돈이니까 빨리 천만 원 보내세요. 성질 급한 사람이라 가족이나 지인들에게 보내고 성인 사이트에 팔아버리기 전에.

피해자: 알겠습니다. 지금 보내겠습니다. 계좌번호 주세요.

사기범: 경찰에 신고하면 그때는 당신이 더 잃을 게 많다는 걸 알아야 해. 카카오뱅크 3333-77777-99999 김태민. (역시 대포통장이다)

피해자: 입금할 테니 영상 파일은 폐기해 주세요.

사기범: 그건 내가 알아서 할 테니 빨리 돈이나 입금하세요.

피해자는 실제로 물왕저수지 버니 모텔에서 가정이 있음에도 애인과 외도를 한 사실이 있기 때문에 영상이 있을 것이라 믿고, 일을 더 크게 만들지 않기 위해 천만 원을 송금하기로 마음먹습니다.

피해자: 불러주신 계좌로 천만 원 입금했습니다.

사기범: 일단 잘 쓰겠고, 앞으로는 와이프랑 자식들에게 부끄럽지 않은 가장이 되세요. 경찰에 신고하면 일이 더 커진다는 거 잊지 마시고요.

대포폰, 대포통장을 쓰고 있기 때문에 사기범은 수사에 어려움이 많다는 것도 알고 있으며, 자신은 검거되지 않을 거라 확신하고 이런 말을 하는 것입니다.

피해자: 돈 입금했으니 약속대로 영상은 폐기해 주세요.

이 말을 하는 것 자체가 피해자는 이미 순진한 상태입니다. 그 영상은 곧 돈이기 때문에, 없어도 있는 척하고, 폐기한다고 약속해도 절대 폐기하지 않으며, 보내준다고 해도 보내지 않거나 복사해 둡니다. 작정하고 사기 치는 사람과의 약속은 애초에 의미가 없습니다.

사기범: 일단 보낸 돈으로 술 한잔 먹고 자고, 일어나서 기분이 좋으면 영상 폐기할 거고, 아니면 가지고 있을 테니 내일 다시 통화합시다.

피해자: 그건 약속이 다르잖아요?

사기범: 약속은 동등한 입장일 때나 성립되는 겁니다. 내가 훨씬 유리한 패를 쥐고 있는데 내가 약속을 지켜야 합니까? 아무튼 외도하느라 다리에 힘 많이 빠졌을 텐데 오늘은 푹 쉬고 내일 통화합시다.

사기범은 피해자가 천만 원을 입금하는 순간 100% 외도를 했다고 확신하고, 잃을 게 많다는 사실을 알게 되어 더 큰 돈을 뜯어내기 위해 카카오톡 프로필, 스토리, 페이스북까지 뒤지며 파고듭니다.

다음 날.

사기범: 접니다.

피해자: 또 왜 전화하십니까?

사기범: 잠은 잘 주무셨습니까?

피해자: 한숨도 못 잤습니다.

사기범: 아무리 잘못한 게 많아도 쉴 때는 쉬어야죠.

피해자: 무슨 일로 전화한 겁니까?

사기범: 우리가 꼭 무슨 일이 있어야 통화하는 사이입니까? 서울에서 고깃집 장사 크게 하시던데, 어제 계산이 조금 잘못된 것 같아서 다시 연락드렸습니다.

(고깃집 장사를 하는 사실을 알고 있다는 말에 심장이 철렁 내려앉는다)

피해자: 그건 어떻게 알았습니까?

사기범: 영상을 가지고 있는데 그것도 모르겠습니까? 와이프도 가게에서 같이 일하는 걸로 아는데, 애인이랑 재미있는 추억 만들고 있는 거 알고 있습니까?

피해자: 도대체 왜 이러시는 겁니까?

사기범: 왜 이러냐고요? 돈 잘 벌고 있으면 애인하고만 쓰지 말고 나랑도 좀 나눠 쓰자는 말입니다.

피해자: 어제 약속과 다르잖아요.

사기범: 이 양반아, 내가 뭐라 하든 약속은 동등한 입장에서 하는 거라고 했잖아. 말 길게 하기 싫으니까 큰 거 한 장으로 마무리합시다.

피해자: 1억이요?

사기범: 왜, 적습니까?

피해자: 그렇게 큰돈은 없습니다.

사기범: 영상이 와이프한테 가고, 이혼 소송, 위자료, 변호사 비용까지 생각해 보면 그 정도는 들어갈 것 같은데요? 아니, 오히려 이게 더 저렴할 수도 있어요. 깊이 생각해 보고 판단은 당신이 하세요. 3일 줍니다.

피해자: 1억은 힘들고, 오천만 원은 3일 안에 준비하겠습니다.

사기범은 여기서부터 오천만 원부터 뜯어내기로 마음먹습니다. 앞서 말했듯 사기범과의 약속은 아무 의미가 없습니다.

사기범: 사정이 어렵다니까 오천만 원으로 하죠. 3일 안에 준비하고 깔끔하게 끝냅시다.

피해자: 알겠습니다. 오천 준비할 테니 영상은 꼭 폐기해 주세요.

사기범: 알았다니까 말 많네. 경찰에 신고하면 알지?

 범죄의 심리학

오천만 원 송금 후 결과는 똑같습니다.

자식, 지인, 와이프를 담보로 삼아 협박은 계속 반복되고, 결국 돈이 바닥나고 대출과 지인 차용까지 이어진 뒤에야 경찰에 신고하거나 인생이 무너집니다.

예방방법

이런 전화를 받았다면 차단하고 대화를 하지 않는 것이 가장 확실한 예방입니다. 상대가 내 정보를 많이 알고 있는 것처럼 보이지만, 대부분은 어림짐작으로 찔러보는 것입니다. 찔릴 때 반응하면 절대 안 됩니다. 설령 실제 영상이 있고 정보를 알고 있다 하더라도 절대 돈을 주어서는 안 됩니다. 돈을 준다고 해결될 일은 아닙니다. 가장 확실한 예방은 배우자에게, 가족에게 부끄럽지 않게 선을 지키는 것입니다. 만약 정말 잘못했고 용서를 받아야 한다면 사기범에게 돈을 주는 것이 아니라 배우자에게 먼저 사실을 털어놓고 같은 실수를 반복하지 않는 것이 진짜 예방입니다.

찔러보기, 내용의 민감성으로 즉시공포유발

성매매 협박

'성관계 영상 갖고 있습니다. 돈을 보내세요'

남성이든(룸살롱), 여성이든(호스트바) 기혼인 사람들이 유흥을 즐기다 범죄의 표적이 됩니다. 회사 직원들과의 모임이든, 접대든, 친구들이든, 혼자든 업소를 갑니다. 이후 이성을 파트너로 앉혀 놓고 술을 마시며 즐깁니다.

사기범: 오빠, 무슨 일 하는데요?

피해자: 사업해요.

사기범: 사업이요? 무슨 사업이요?

피해자: 연 매출 30억 하는 프랜차이즈 대표예요.

(여자가 예뻐서 작업을 하기 위해 있는 척을 합니다. 실제로 그럴 수도 있습

니다.)

사기범: 그러면 돈도 많겠네요?

피해자: 가진 게 돈밖에 없어요. 내 취미하고 특기가 뭔지 아나?

사기범: 뭔데요?

피해자: 취미는 돈 버는 거고, 특기는 돈 쓰는 거야. 취미 생활은 혼자
할 테니, 특기 생활은 같이 할래?

사기범: 오빠 멋있다.

이렇게 유흥을 즐기며 이성에게 연락처를 알려주거나 명함을 주고, 이성을 꼬시기 위해 있는 척을 하며 2차를 가거나 밖에서 사적인 만남을 가집니다. 이 사기범은 이렇게 얻은 정보를 또 다른 사기범에게 공유하거나 팔아넘깁니다. 정보가 빠져나가는 방식은 다르지만 불륜을 저지른 정황과 돈을 뜯기는 과정은 대부분 비슷합니다.

예방방법

정상적인 가정을 가진 사람이 업소에 가서 2차를 나가고 사적인 만남을 가지는 것 자체도 잘못된 행동이지만, 그 상태에서 재력이 있는 척 행동하고 다니면 범죄에 노출되기 쉽습니다. 명함을 주거나 연락처를 주는 순간 신상이 털리고, 업소를 간 것도 사실이고, 이성과 2차를 간 것도 사실이며, 사적인 만남을 가진 것도 사실이면 모르는 괴한이 "영상을 가지고 있다, 가족과 지인에게 알리겠다"며 계속 협박을 하고

돈을 뜯어갑니다. 이성(사기꾼)은 돈이 좋은 것이지, 당신이 좋아서 접근하는 것이 아닙니다. 명심하십시오. 명예와 돈이 있는 사람들이 이런 사람들에게 걸려들면 명예도 돈도 사라지는 것은 한순간입니다.

무료라는 말로 경계심 풀기

출장 세차 사칭한 차 절도

'무료로 세차해 드립니다'

사기범들은 조작된 정보로 SNS 홍보를 하거나, 아파트 주차장을 돌아다니며 자동차 비상연락망을 보고 전화를 합니다. 공짜를 좋아하고 별생각 없는 사람이 범죄의 표적이 됩니다.

사기범: 제네시스 9878 차주 되시죠?

피해자: 누구십니까?

사기범: 얼마 전에 출장 세차를 개업했는데, 회원 모집을 위해 무료로 세차 한 번 해드리려고 합니다. 세차 받아보시고 마음에 드시면 명함 드리고 갈 테니 한번씩 이용해 주십시오.

피해자: 이번에는 무료로 해주신다고요?

사기범: 네, 그렇습니다. 잔기스도 많이 있는데 잔기스도 지워드리고
서비스 차원에서 광택도 내드리겠습니다.

피해자: 그렇게 해주시면 고맙죠.

사기범: 제가 자택으로 자동차 키 받으러 가겠습니다. 몇 동 몇 호십니까?

피해자: 101동 1608호입니다.

사기범은 피해자의 자택으로 올라갑니다.

초인종 벨을 누릅니다.

사기범: 스팀 출장 세차 000입니다.

불특정 다수 사람들에게 무료세차를 해준다는 광고

피해자가 문을 열고 나옵니다.

사기범은 스팀 세차 명함을 건네줍니다.

(이름도, 전화번호도 가짜 대포폰입니다.)

사기범: 제가 배운 게 세차 기술밖에 없어서 열심히 살아보려고 합니다. 세차 깔끔하게 되면 한 번씩 이용해 주십시오.

피해자: 1회당 얼마입니까?

사기범: 대형차 외부 4회에 11만 원인데 첫 달은 10만 원에 해드리겠습니다.

피해자: 내부는 안 합니까?

사기범: 당연히 해드리죠. 1회 내·외부 5만 5천 원인데 4회에 20만 원에 해드리겠습니다. 일단 오늘 세차하는 것 보시고 결정하시길 바랍니다.

피해자: 세차하는 데 시간은 얼마나 걸립니까?

사기범: 30~40분이면 됩니다.

피해자는 세차할 때도 되었고, 공짜라는 말에 얼굴도 보았기 때문에 차 키를 건넵니다.

피해자: 신경 써서 해주시면 제가 자주 이용할게요.

사기범: 마무리 5분 전에 연락드릴 테니 편히 계시다가 연락 오면 나

오시면 됩니다.

피해자: 알겠습니다.

사기범은 이후 인적이 드문 곳으로 이동해 GPS 기능을 제거하고 차량을 분해하거나 해외로 밀반입한 뒤 사라져 버립니다.

예방방법

이런 범죄자들은 대포폰을 사용하고 조직적으로 범죄를 저지르기 때문에 특정이 어렵고, 검거가 되더라도 내 차가 어디로 갔는지 알 수 없는 경우가 많습니다. 건수도 많고 금액도 커 합의 없이 형사 처벌로 끝나는 경우가 대부분입니다. 범죄자를 잡느냐 못 잡느냐를 떠나 내 차가 사라져 보상도 받지 못하고, 안 그래도 힘든 상황에서 돈 몇 푼 아끼려다 더 힘들어집니다. 검증되지 않은 사람에게 차 키를 맡겼다가는 차는 사라지고 핸들만 돌아올 수 있으니 각별한 주의가 필요합니다. 세차는 세차장에서 하는 것이 가장 현명한 방법입니다.

고액 보상을 미끼로 한 사기

장기 매매 피싱

'신장 삽니다'

사기범들은 고속버스터미널, 고속도로 휴게소, 기차·전철 화장실 등에 신장을 산다는 광고를 붙여 놓습니다. 그리고 돈이 필요한 사람이 범죄의 표적이 됩니다.

피해자: 신장 산다는 광고를 보고 연락을 드립니다.

사기범: 어디서 광고 보셨습니까?

(장난 전화나 수사기관일 수 있어, 본인이 광고한 장소가 맞는지 확인하는 과정입니다.)

피해자: 고속도로 황간휴게소 화장실에서 봤습니다.

사기범: 네.

신장을 산다는 광고

피해자: 이거, 어떻게 하는 겁니까?

사기범: 말 그대로 신장을 저희가 매입하고 있습니다.

피해자: 이거 불법 아닌가요?

사기범: 맞습니다. 그러니까 은밀하게 거래하셔야 합니다. 저희는 원하는 신장만 받고, 님은 원하는 금액만 받아서 서로 입만 닫고 있으면 문제 없습니다.

피해자: 그럼 신장 하나당 금액은 얼마나 줍니까?

사기범: 건강 상태에 따라 차이는 있지만 상태가 좋은 경우 1억 5천, 조금 떨어지면 1억 정도 드리고 있습니다.

신장은 사람 몸에 두 개가 있고, 하나만 있어도 생명에는 지장이 없다는 말에 경제적으로 너무 힘들어 신장을 팔기로 마음먹습니다.

피해자: 거래는 어떻게 합니까?

사기범: 저희가 거래하는 병원이 있습니다. 일단 신장 상태가 양호한지 건강검진부터 해야 합니다. 성함과 주민등록번호만 불러주세요.

피해자: 주민번호랑 이름도 알려줘야 하나요?

사기범: 병원에 건강검진 예약을 하려면 이름과 주민번호는 필수입니다.

피해자: 이름 홍길동, 주민번호 820302-1입니다.

사기범: 82년생이면 아직 한창이시네요. 몸은 건강하실 겁니다. 정밀 검사를 해봐야 알겠지만 40대는 장기가 비교적 건강한 편입니다. 담배나 술은 하십니까?

피해자: 담배, 술 끊은 지 오래됐습니다.

사기범: 검사만 잘 나오면 1억 5천 받을 확률이 매우 높습니다.

(어차피 전부 거짓말이지만, 큰돈을 준다는 희망고문으로 사기를 이어갑니다.)

피해자: 저 말고도 장기 파는 사람들이 많습니까?

사기범: 요즘 경제가 너무 힘들어서 돈이 필요한 사람은 많고, 반대로 돈은 있는데 건강이 안 좋은 사람도 많습니다. 수요와 공급은 충분합니다.

피해자: 저도 경제적으로 너무 힘들어서 이 광고 보고 연락드린 겁니다.

사기범: 선택은 자유입니다. 생각 있으시면 연락 주세요.

피해자: 진행하게 되면 시간은 얼마나 걸리나요?

사기범: 건강검진만 끝나고 문제가 없으면 수술 들어가기 전에 같이 온 가족이나 지인에게 장기 판매 금액을 전달해도 되고, 비밀 유지 동의서 작성 후 본인 계좌로 입금도 가능합니다. 현금 원하시면 현금으로도 준비해드립니다. 다만, 건강검진을 먼저 받아야 합니다. 검진 결과에 문제가 있으면 진행이 어렵습니다.

피해자: 나라에서 무료 건강검진 받았는데 1년 전에는 문제 없었습니다.

사기범: 그건 1년 전 이야기고, 수술 전에는 다시 확인해야 합니다.

피해자: 그럼 진행하려면 어떻게 해야 합니까?

사기범: 건강검진 날짜부터 잡아야 합니다. 8시간 금식해야 하니 일정이 중요합니다.

피해자: 오늘이 금요일이니 월요일 괜찮습니다.

사기범: 병원에 확인해 보고 연락드리겠습니다.

(사실 아무것도 하지 않고 쇼만 합니다.)

10분 후

사기범: 월요일은 자리가 없고 화요일 오전 9시에 지정 장소로 오시면 됩니다.

피해자: 알겠습니다.

사기범: 장기 매매 대금은 어떻게 받으실 건가요? 불법이라 현금이 가장 깔끔합니다.

피해자: 현금이면 너무 부피 크지 않나요?

사기범: 요즘 5만 원권이라 1억 5천도 쇼핑백 하나면 됩니다.

피해자: 알겠습니다.

이제부터 본격적으로 돈 이야기가 시작됩니다.

사기범: 12월 9일 오전 9시 건강검진 예정입니다. 8일 밤 10시부터 금
식입니다.

피해자: 알겠습니다.

사기범: 건강검진 비용을 12월 8일 오후 2시까지 입금해 주셔야 합니다.

피해자: 얼마입니까?

사기범: 200만 원입니다.

피해자: 돈도 없고 구할 데도 없습니다. 나중에 빼고 주시면 안 됩니까?

사기범: 단속도 심하고 장난 전화가 많아서 의사가 있으면 검진비 정
도는 입금하셔야 합니다.

피해자는 정상적인 대출이 어려워 가족, 지인에게 사정사정해 200
만 원을 빌립니다.

피해자: 200만 원 구했습니다.

사기범: 저희도 1억 5천 현금 준비돼 있습니다.

돈다발 이미지를 보고 "진짜 돈 있는 사람들이다"라고 믿게 됩니다.

피해자: 어디로 입금하면 됩니까?
사기범: 카카오뱅크 3333-44 444-666666 강철민. 입금 후 문자 주세요.
피해자: 입금했습니다.
사기범: 확인했습니다.

여기서 끝이 아닙니다. 이제 본격적인 추가 요구가 시작됩니다. (청주의료원 사무장과의 대화를 조작해 "단속 때문에 800이 필요하다"는 내용)

사기범: 요즘 단속이 심해서 200으로는 안 되고 600을 더 보내야 합니다.

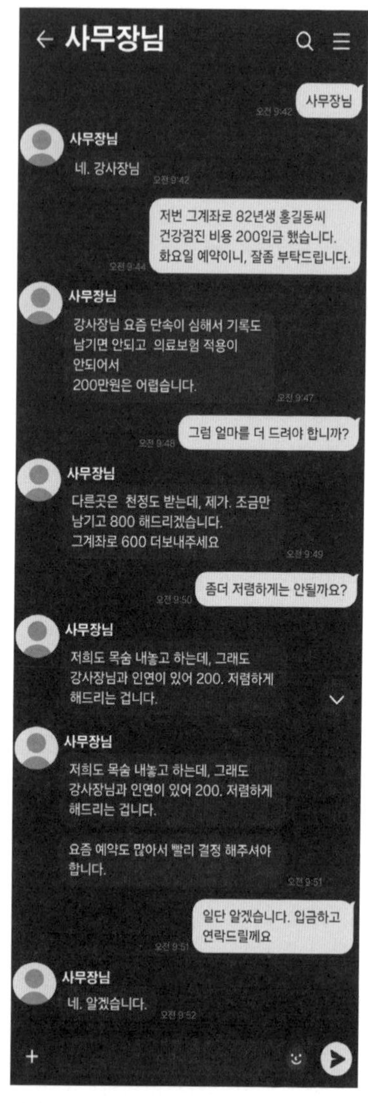

피해자에게 믿음을 주기 위해 사기범끼리 병원 사무장을 사칭한 대화내용

범죄의 심리학

진짜 출금했는지 오늘 날짜와 함께 찍어 인증한 돈 사진

이후 300, 또 300, 위약금, 예약금, 회장님 승인비 등 핑계를 바꿔가며 계속 돈을 요구합니다. 결국 모든 돈이 바닥나고 나서야 사기라는 걸 깨닫습니다.

예방방법

장기를 사는 것도 범죄, 파는 것도 범죄입니다. 우리나라에 이런 거래는 존재하지 않습니다. 삶이 힘든 건 알지만 장기를 팔면 목돈이 생겨 인생이 나아진다는 생각은 버리십시오. 그건 희망이 아니라 미끼입니다. 99%도 아니고 100% 사기입니다. 가족과 지인을 생각하며 다른 선택을 하시길 바랍니다.

가짜 연출 사기

가짜 사이트 사기

'안전 거래 사이트로 거래할까요?'

요즘 중고 물품 플랫폼이 많이 늘어나면서, 좋은 가격에 물건을 사고팔기 위해 중고 거래가 활발히 이루어지고 있습니다. 이런 사람들이 범죄의 표적이 됩니다.

예전에는 선입금을 받고 박스에 벽돌이나 쓰레기를 넣어 보내거나, 송장 번호만 알려주고 먹튀를 하는 수법이 많았지만, 이제는 범죄 수법이 나날이 지능화되고 있습니다.

판매자(사기범)는 시가 200만 원 하는 휴대폰을 한 달도 쓰지 않았다며 150만 원에 올려 둡니다.

부피가 작고 가격이 나가는 물건이되, 너무 싸게 올리면 사기 냄새가 나기 때문에 기존 시세보다 3~5만 원 정도만 싸게 올려 신뢰를 유도합니다.

관심이 있는 사람이 물건을 보고 판매자에게 연락합니다.

구매자: 중고나라 광고 보고 연락드리는데, 물건 팔렸나요?

사기범: 산다고 연락 온 분은 몇 분 계신데 아직 팔리지는 않았습니다. 지역이 어디십니까?

이렇게 먼저 지역을 묻는 이유는, 사기꾼들 나름의 사기 스타일이 있기 때문입니다.

직거래를 하자고 하면 사기칠 확률이 떨어지기 때문에 구매자와 가까운 지역일 경우 일부러 멀리 있는 지역이라고 거짓말을 합니다.

예를 들어, 사기범이 대구에 있어도 구매자가 대구라고 하면 부산이나 서울, 경기라고 말합니다.

가까우면 직거래를 하자는 사람이 나오기 때문입니다.

플랫폼마다 사기 스타일도 조금씩 다릅니다.

중고나라는 가짜 안전결제 사이트를 만들어 사기를 많이 치고, 당근마켓은 직거래 비중이 높아 펑돈(범죄수익금) 송금이나 문고리 거래 사기가 많습니다.

구매자: 대구입니다.

사기범: 저는 부산입니다. 거래가 성사되면 안전결제로 진행해야겠
네요.

(안전결제를 언급해 사기꾼이 아니라는 인상을 심어 줍니다.)

구매자: 물건에 하자는 없습니까?

사기범: 산 지 한 달 조금 넘었습니다. 하자 있는 물건을 어떻게 팝
니까? 저도 아끼던 물건인데 급하게 돈이 필요해서 파는 겁
니다. 받아보시고 하자 있으면 환불해 드릴게요. 단, 3일 안
에 말씀 주셔야 합니다.

구매자: 알겠습니다.

사기범: 제 카톡 아이디입니다. 친구 추가하시고 카톡으로 이야기합
시다.

사기범이 플랫폼 대화를 벗어나 카톡으로 유도하는 이유는, 같은 네
이버 아이디로 여러 곳에 물건을 올려두었기 때문에 플랫폼 내에서 사
기 대화를 하면 계정 정지를 당할 수 있기 때문입니다.

또한 카카오톡 프로필 사진에는 결혼사진, 아기사진, 화목한 가족
사진 등을 도용해 올려 "나는 평범한 가장이고 정상적인 사람"이라는
인상을 줍니다.

환불도 해줄 수 있는 신뢰 있는 판매자인 것처럼 보이게 하려는 페
이크입니다.

중고 거래에서 플랫폼 대화 중 카톡으로 유도하는 사람은 98% 사기

일 가능성이 높습니다.

플랫폼 안에서 충분히 대화가 가능한데 굳이 카톡으로 넘어갈 이유가 없습니다.

구매자: 아까 중고나라에서 휴대폰 거래하기로 했던 사람입니다.

사기범: 네. 거래하실 건가요?

구매자: 그렇습니다.

사기범: 요즘 사기가 많아서 안전결제 사이트로 거래하는 게 서로에게 좋습니다.

사기범은 가짜 안전결제 사이트 링크를 보냅니다.

사기범: 링크 클릭하시고 로그인 후 아래 계좌로 물건값을 보내주시면 물건 수령 후 네이버에서 판매자에게 돈이 지급됩니다. 대구-부산 거리도 멀고 이게 가장 안전합니다.

구매자가 링크를 클릭하면 네이버 로그인 창이 뜹니다. 아이디와 비밀번호를 입력하면 로그인이 됩니다. 하지만 이 사이트는 사기범이 만든 가짜 사이트로, 아무 아이디와 비밀번호를 입력해도 로그인이 됩니다. 실제 네이버 아이디를 입력한 순간, 아이디와 비밀번호는 그대로 탈취됩니다.

주문 결제 페이지에는 배송 주소와 상품 금액 150만 원, 그리고 계좌번호가 표시됩니다.

예금주: KANG(주) 네이버페이

국민은행: 346501-04262

구매자는 안내대로 150만 원을 송금합니다.

구매자: 150만 원 입금했습니다.

사기범: 확인해 보겠습니다.

잠시 후,

사기범: 아직 입금 처리가 안 됐다고 나오네요.

구매자: 입금했는데요?

사기범: 사이트 관리자에게 직접 문의해 보세요.

사이트 하단에는 관리자 채팅 기능이 있고, 이 또한 같은 사기범입니다.

관리자(사기범): 성함이 어떻게 되십니까?

구매자: 홍길동입니다.

관리자: 배송지는요?

구매자: 대구시 달서구 성서주공아파트 104동 1608호입니다.

관리자: 전화번호는요?

　　　　　　　　　　　　　　　　　　　범죄의 심리학

구매자: 010-3178-9009입니다.

관리자: 12월 3일 2시 51분에 150만 원 입금 확인됩니다. 다만 수수료 275원이 미입금되었습니다.

구매자: 그럼 275원만 보내면 되나요?

관리자: 아닙니다. 정확한 전산 처리를 위해 150만 275원을 다시 입금하셔야 합니다. 기존 금액은 자동 환급됩니다.

이후 택배비, 보증금, 전산 오류, 금융범죄 연루 자금 확인 등의 핑계를 대며 계속 추가 입금을 요구합니다.

통장 잔액이 바닥나고 나서야 사기라는 걸 인지하게 됩니다.

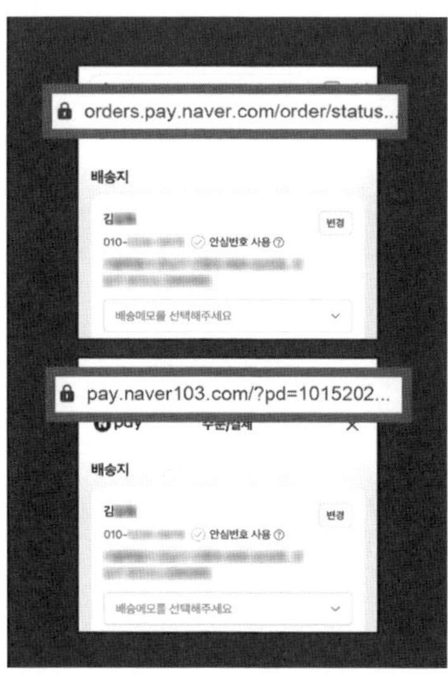

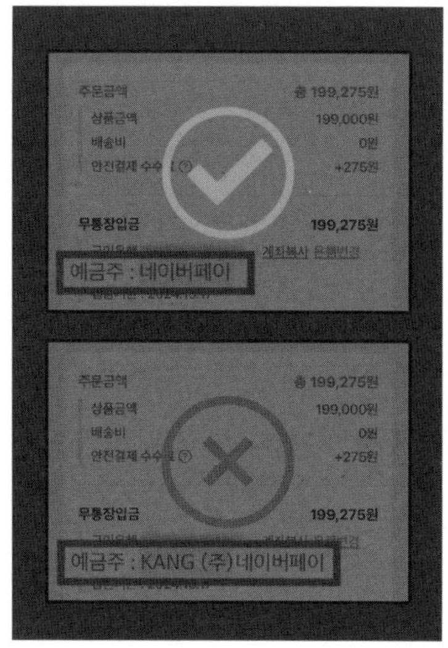

예방 방법

중고 물품 거래 시 수수료를 조금 내더라도 공식 안전결제 시스템을 이용하는 것은 매우 현명한 방법입니다.

하지만 문제는 가짜 사이트입니다.

✔ 카톡으로 유도하며 링크를 보내면 무조건 의심

✔ 안전결제인데 개인 계좌면 10000% 사기

✔ 네이버페이는 법인 명의 고정 계좌만 사용

예를 들어 KANG(주) 네이버페이, 이민철(주) 네이버페이 이런 형태는 전부 사기입니다. 회사와 거래하는데 개인 계좌를 쓰는 순간, 그 거래는 무조건 사기입니다.

시각적인 증거로 심리 마비시키기

신뢰를 이용한 사기

'중고물품 직거래 하시죠'

위 정황은 배송을 약속하고 가짜 사이트로 유인해 돈을 편취하는 방식이지만, 당근마켓은 '직거래'를 하자며 만남을 유도한 뒤 돈을 편취하는 방식이 많습니다.

직거래 사기 또한 처음 시작되는 정황은 일반적인 중고 플랫폼 거래 과정과 매우 비슷합니다.

사기범은 중고 플랫폼에 부피가 작고 가격이 어느 정도 나가면서 인기가 많은 상품을 시세보다 조금 저렴하게 올려 미끼를 던집니다.

이후 구매자가 나타나면서 사건이 시작됩니다.

피해자: 당근마켓 보고 연락드립니다.

사기범: 네.

피해자: 당근에 올려놓으신 핸드폰 팔렸나요?

사기범: 산다는 사람은 있는데 곧 팔릴 예정입니다.

피해자: 아직 팔리지 않았다면 제가 사겠습니다. 물건에 이상이 있는 건 아니죠?

사기범: 구입한 지 한 달도 되지 않았고 완전 새것과 다를 게 없습니다. 돈이 급하게 필요해서 처분하는 겁니다.

피해자: 가격은 150만 원에 올려놓으셨는데 5만 원 정도 차비 빼주실 수는 없을까요?

사기범: 200만 원짜리를 한 달 전에 사서 손해 보고 파는 거라 가격 절충은 어렵습니다. 양해 바랍니다.

피해자: 알겠습니다.

사기범: 계시는 곳이 어디십니까?

피해자: 부산 사하구 하단동입니다.

사기범: 그럼 언제 시간이 괜찮나요?

피해자: 오후 5시쯤 괜찮습니다.

사기범: 그럼 5시에 하단동 가락타운 2단지 앞에서 직거래하는 걸로 하죠. 시간 괜찮나요?

피해자: 네, 괜찮습니다.

사기범: 제가 당근 플랫폼을 잘 확인하지 않아서요. 카톡 아이디 알려 드릴 테니 leek90으로 친구 추가하시고 나중에 이쪽으로

연락 주세요.

피해자: 알겠습니다.

여기까지는 평범한 중고 물품 거래 정황입니다.

이대로라면 만나서 물건을 확인하고 돈을 주고 거래를 마치면 끝입니다. 하지만 사기범이 카톡으로 연락하자고 유도하는 이유는 배송 사기와 마찬가지로 프로필 사진에 아기 사진, 가족 사진, 결혼 사진 등을 도용해 "사기꾼이 아닌 평범한 가정"이라는 분위기를 만들기 위함입니다.

또한 사기범은 동시에 여러 명을 상대로 작업 중이기 때문에 당근마켓 계정이 사기 계정으로 정지당하면 지금까지 진행하던 모든 작업이 물거품이 됩니다. 그래서 카톡으로 대화를 유도하는 것입니다.

약속 시간인 오후 5시, 구매자가 약속 장소에 도착해 연락을 합니다.

피해자: 지금 하단동 가락타운 2단지 앞에 와 있는데 얼마나 걸리십니까?

사기범: 제가 급한 일이 있어 잠깐 나와 있는데, 집 현관 문고리에 걸어두었습니다. 150만 원 입금해 주시면 현관 비밀번호와 호실 알려드리겠습니다. 이렇게 걸어두었습니다.

피해자: 그래도 물건을 직접 보고 거래해야 마음이 편할 것 같은데요.

사기범: 신분증 사진도 보내드릴 테니 물건 받으시고 문제가 있으면 언제든 환불해 드리겠습니다.

피해자에게 믿음을 주기 위한 중고물품 문고리 사진

집 주소도 알고 있고, 카톡 프로필 사진은 정상적인 가정처럼 보이고, 신분증 사진까지 있으니 안심이 됩니다.

이미 시간을 내어 약속 장소까지 나온 상태이기 때문에 피해자는 사기범이 불러주는 대포통장 계좌로 150만 원을 입금합니다.

그러나 현관 비밀번호는 맞지 않고, 그곳에는 물건도 없습니다.

사기범은 그대로 잠적합니다.

예방 방법

사기범들은 항상 평범한 거래와 거의 똑같이 행동하다가 마지막에 반전을 만듭니다. 신분증 사진 또한 통장을 매입할 때 통장 주인에게

피해자에게 믿음을 주기 위
해 타인의 신분증을 본인인
것처럼 SNS로 전송

받아둔 것이기 때문에 사기범이 신분증 사진을 가지고 있는 것은 전혀 어려운 일이 아닙니다. 여기서 한 번만 생각해 보십시오. 당신은 왜 약속 장소에 갔습니까? 직거래를 하기 위해서입니다. 직거래란 사람을 직접 만나 물건을 확인하고 돈을 주고받는 것입니다. 하지만 이 경우, 물건도 보지 못했고 물건을 가진 사람도 보지 못한 채 신분증 사진, 카톡 프로필의 거짓 이미지, 문고리 사진 하나만 믿고 돈을 송금한 것입니다. 중고 물품 직거래 시에는 판매자가 실제로 물건을 가지고 있는지 가장 먼저 확인해야 합니다. 물건도 없는 사람과 대화하는 것은 시간 낭비이며, 대화할 가치가 없습니다. 단순히 "사진 찍어 보내 달라"는 요청은 이미지 도용이거나 예전에 찍어둔 사진일 가능성이 높습니다. 반드시 물건 옆에 오늘 날짜를 적은 메모지를 함께 두고 인증 사진을 보내 달라고 요청하십시오. 이 요청을 피하며 이 핑계, 저 핑계를 대는 사람은 물건이 없을 확률이 매우 높습니다. 급하게 거래하지 말고, 인증이 되면 그때 거래를 시작하십시오. 사기범이 실제로 물건을 가지고 있는 경우도 있지만, "바쁜 일이 있어 문고리에 걸어두었다", "택배 거래로 하자"며 물건을 보기도 전에 돈 송금을 요구하는 경우는 사기일 확률이 매우 높습니다. 물건 주인과 물건을 직접 확인하지 않은 상태에서는 절대 거래하지 마십시오.

합리적 이유를 근거로 한 사기

가짜 사이트 판매자 사기
'포인트가 남았으니 다른 사이트에서 거래합시다'

사기는 항상 구매자만 당하는 것이 아닙니다. 기상천외한 방법으로 판매자를 현혹시키는 사기도 점점 늘어나고 있습니다. 이번에는 판매자가 피해자가 되는 사기 수법을 살펴보겠습니다.

정상적인 가방을 들고 있는 사람이 정상적인 가격으로 가방을 120만 원에 판다고 중고 물품 플랫폼에 올려 놓습니다. 이어 물건을 살 의사도, 능력도 없는 사기범이 물건을 살 것처럼 대화를 걸어옵니다.

사기범: 중고 플랫폼에 물건 올리신 거 보고 연락드립니다.

피해자: 아, 네.

사기범: 물건 팔렸나요?

피해자: 아닙니다. 아직 안 팔렸습니다.

사기범: 제가 사겠습니다.

피해자: 알겠습니다.

사기범: 제가 이 플랫폼을 자주 쓰지 않으니 카톡으로 연락합시다. 카
톡 아이디 보내줄 테니 친구 추가하세요. leekd90

(사기꾼이 항상 하는 멘트입니다. 카톡으로 대화를 이어가는 이유는 앞에서
설명한 그대로입니다.)

피해자: 알겠습니다.

판매자가 카톡 친구 추가를 하자 메시지가 옵니다.

피해자: 네, 친구 추가했습니다.

사기범: 제가 자주 쓰는 안전 거래 사이트가 있는데 링크를 보내드릴
테니, 이 사이트에서 안전하게 거래합시다.

피해자: 알겠습니다.

사기범이 링크를 보내줍니다. 물론 사기범이 만들어 놓은 가짜 사이
트입니다.

사기범: 링크 가입하시고 번거롭겠지만, 아까 중고 물품 사이트에 가방
을 판다고 올린 것처럼 이 사이트에도 가방을 판다고 똑같이
올려 주세요. 여기서 거래하려면 물건이 올라와 있어야 합니다.

피해자: 알겠습니다.

 범죄의 심리학

아이디 가입 후 사기범이 시키는 대로 가방을 판매 상품으로 등록합니다.

사기범: 제가 구매 신청을 했고 구매 대금은 안전결제 사이트에 입금해 두었습니다. 가방은 배송 주소로 보내주시면 되고, 가방값은 환전 신청해서 안전결제 사이트에서 입금받으시면 됩니다.
피해자: 알겠습니다.

하지만 환전 신청을 해도 가방값이 입금되지 않습니다.

피해자: 환전 신청을 했는데 입금이 안 되는데요?
사기범: 저는 입금했는데요. 무슨 일인지 관리자에게 물어보시겠습니까?
피해자: 알겠습니다.

피해자는 관리자에게 채팅으로 문의합니다. 물론 관리자도 사기범과 한통속이기 때문에, 대화를 하면 할수록 더 깊은 구렁텅이에 빠지게 됩니다.

피해자: 홍길동 씨가 가방값을 이 사이트에 입금했다고 하는데 환전이 안 돼서 연락드립니다.

관리자(사기범): 확인해 보겠습니다. 성함과 휴대폰 번호가 어떻게 되시나요?

피해자: 이유미이고 010-3333-9999입니다.

관리자(사기범): 현금 환전받을 계좌번호는 어떻게 되십니까?

피해자: 카카오뱅크 3333-3333-9999 이유미입니다.

관리자(사기범): 본인 확인되셨고요. 홍길동 님이 오후 2시경 120만 원 입금한 내역 확인됩니다.

피해자: 네, 맞습니다.

관리자(사기범): 지금 이유미 씨가 저희 안전거래 사이트 첫 이용 고객이라 출금이 지연되고 있습니다. 요즘 금융 범죄에 사용된 돈을 입금해 세탁하는 사례가 많아 빠른 출금을 원하시면 출금액에 대한 보증을 해주셔야 합니다.

피해자: 출금이 지연되면 얼마나 걸리나요?

관리자(사기범): 빠르면 10일, 늦으면 14일 정도 걸립니다.

피해자: 그렇게 오래 걸리나요?

관리자(사기범): 대부분 금융권이나 수사기관 신고가 들어오는 기간이 10~14일이라 그렇습니다. 10일 뒤에 출금받으시겠습니까?

피해자: 잠시만요.

피해자는 돈을 입금한 사기범에게 다시 연락합니다.

피해자: 사이트랑 얘기해 보니 출금까지 10~14일 걸린다는데 맞나요?

사기범: 처음 거래라 그럴 겁니다. 그런데 보증금 걸면 바로 출금되는 서비스도 있는 걸로 알고 있습니다.

피해자: 그런 서비스가 있긴 한가요?

사기범: 네, 있습니다. 돈이 급하시면 그 서비스 이용하시면 될 것 같습니다.

피해자: 알겠습니다.

처음 이용하는 사이트이고, 돈을 입금한 사람이 기존 이용 고객이라는 말에 보증금을 걸기로 마음먹습니다. 다시 관리자에게 연락합니다.

피해자: 보증금 입금하면 바로 출금되는 거죠?

관리자(사기범): 네, 그렇습니다.

피해자: 계좌번호 보내주세요.

관리자(사기범): 신한은행 110-234-5678 조창범. 입금하시면 빠른 처리 도와드리겠습니다.

피해자: 입금했습니다.

관리자(사기범): 확인했습니다.

하지만 환전은 여전히 되지 않습니다. 될 리가 없습니다. 애초에 가

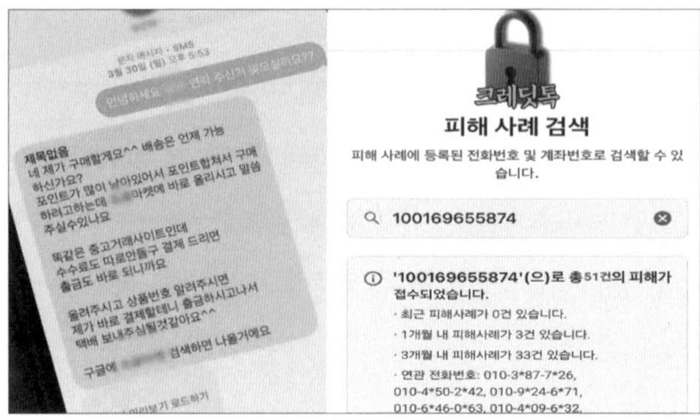

1. 물건을 가지고 있는 사람에게 물건을 살것처럼 접근하는 사기범 SNS 대화 내용
2. 전화번호와 계좌번호를 쳐보니 크레딧톡에 다른 피해자가 공유해놓은 계좌,전화번호 그래서 사전예방이 중요하다

짜 사이트이기 때문입니다.

피해자: 환전이 아직 안 되는데요?

관리자(사기범): 혹시 120만 원 보내셨나요?

피해자: 네, 그렇습니다.

관리자(사기범): 120만 원 보증금에 사이트 수수료 포함해서 1,200,275 원을 입금하셔야 합니다.

피해자: 그럼 275원만 입금하면 되나요?

관리자(사기범): 아닙니다. 전산 처리를 위해 1,200,275원을 다시 입금 하셔야 합니다.

피해자: 알겠습니다.

사람들이 믿는 것은 '회사'와 '사이트'입니다. 그런데 사이트 자체에서 이런 식으로 기만을 하면, 속지 않을 수가 없습니다. 사기범과 한 번 엮이면 금융 범죄 자금 운운하며 보증금, 수수료, 위약금 등 말도 안 되는 핑계를 대며 잔액이 바닥날 때까지 계속 돈을 요구합니다.

예방 방법

물건을 가지고 있는 사람이 돈을 받아야지, 판매자가 돈을 보내는 구조 자체가 말이 안 됩니다. 검증되지 않은 사이트를 이용했기 때문에 이런 피해가 발생합니다. 거래 사이트를 이용할 때는 사기범이 보내주는 링크를 절대 누르지 말고, 플레이스토어나 앱스토어에서 직접 검색해 다운로드해야 합니다. 다운로드 수가 100 미만인 앱은 개설된 지 얼마 되지 않은 곳일 가능성이 높고, 그만큼 신뢰도도 낮습니다.

마지막으로 가장 확실한 기준은 계좌번호입니다. 기업 거래에서 수수료나 보증금을 개인 명의 계좌로 받는 경우는 없습니다. 중고 거래 과정에서 '범죄에 사용된 자금일 수 있다'며 보증금을 요구하는 것은 10000% 사기입니다.

정보의 불균형을 이용한 사기

중고물품 비대면 삼자 사기
'물건 값 보낼 테니 계좌번호 주세요'

항상 구매자만 사기를 당하는 것은 아닙니다. 중고 물품 거래가 많아지면서 판매자가 피해자가 되는 사건도 계속 늘어나고 있습니다. 이번에는 판매자가 사기를 당하는 정황입니다.

정상적인 판매자가 물건을 팔기 위해 중고 물품 플랫폼에 정상적인 가격으로 정상적인 물건을 올려 둡니다. 왜냐하면 정말로 물건을 팔기 위해서입니다. 플랫폼에 올라온 물건을 본 사기범이 실제로 구매할 것처럼 접근합니다.

사기범: 플랫폼에 올려 두신 물건 팔렸나요?

피해자: 아직 안 팔렸습니다.

사기범은 실제 구매자처럼 이것저것 필요한 정보를 묻다가 이렇게 말합니다.

사기범: 제가 구입할 테니 계좌번호 하나 보내주십시오.

피해자는 물건값을 선입금해 준다는 말에, 물건을 팔기 위한 정상적인 절차라고 생각하고 계좌번호를 알려 줍니다.

하나은행 312-000-90000 홍길동

사기범은 입금하고 연락을 주겠다며 잠시 대화를 멈춥니다.

이 시점부터 사기가 시작됩니다. 사기범은 피해자의 물건 이미지, 물건 가격, 실제 물건을 가지고 있는 사람의 정보를 그대로 도용해 다른 중고 플랫폼에 자신이 물건을 파는 것처럼 다시 광고를 올립니다.

곧 또 다른 구매자가 나타납니다.

물건을 사려는 사람: 플랫폼 광고 보고 연락드립니다.

사기범(가짜 판매자): 사려고 하는 분들 연락은 몇 번 왔는데 곧 팔릴 예정입니다.

물건을 사려는 사람: 그 물건 제가 사겠습니다.

사기범: 그럼 계좌번호 알려 드릴 테니 물건값 입금하시고, 물건 받을 주소 하나 보내 주세요.

이때 사기범은 조금 전 피해자에게 받아 둔 진짜 물건 주인의 계좌 번호를 그대로 구매자에게 알려 줍니다.

물건을 사려는 사람: 알겠습니다. 인천 서구 석남동 ○○○ ○○○입니다. 이쪽으로 보내 주세요.

사기범: 알겠습니다. 입금하시면 연락 주세요.

구매자는 아무 의심 없이 돈을 입금합니다.

구매자: 지금 바로 입금했습니다.

사기범: 어떤 이름으로 입금하셨나요? 입금 내역 캡처 부탁드립니다.

구매자: 홍길동입니다.

사기범: 확인했습니다. 바로 택배 보내고 송장 영수증 보내 드리겠습 니다.

사기범은 구매자가 홍길동 이름으로 물건값을 입금했다는 사실을 확인한 뒤, 다시 진짜 물건을 가지고 있는 사람에게 연락합니다.

사기범: 조금 전 홍길동 이름으로 물건값 입금했습니다.

피해자: 확인했습니다. 배송은 어디로 보내 드릴까요?

사기범: 거리가 가까우니 퀵으로 물건을 받겠습니다.

(자기 집 주소가 노출되면 안 되기 때문에 퀵을 이용하거나 약속 장소를 잡아 물건만 받은 뒤 그대로 잠적합니다.)

시간이 지나도 사기범은 연락이 되지 않고, 돈을 보낸 구매자는 물건을 받지 못했기 때문에 수사기관에 신고를 합니다. 수사가 진행되면 물건을 판 사람은 "나는 정상적으로 물건을 팔았고 입금된 돈을 받았을 뿐"이라고 주장하고, 돈을 보낸 사람은 "돈을 보냈지만 물건을 받지 못했다"고 주장하게 됩니다.

재판 결과, 물건을 판 사람은 고의가 없기 때문에 형사처벌은 받지 않지만, 물건값은 돌려줘야 한다는 판단이 나옵니다. 구매자가 물건값을 입금한 계좌가 바로 그 판매자의 계좌이기 때문입니다. 억울하더라도 법적으로는 반환 책임이 발생합니다.

예방 방법

물건값을 받았다고 해서 사기가 아니라는 생각은 위험합니다. 이런 방식으로 잘못된 돈이 입금되면, 바쁜 시간을 쪼개 경찰 조사를 받아야 하고 계좌가 정지되어 입출금은 물론 카드 사용까지 제한되는 사례가 늘고 있습니다. 함부로 계좌를 공개하지 말고, 수수료가 조금 들더라도 반드시 공식 안전 거래 시스템을 이용해야 이런 불상사를 예방할 수 있습니다.

정보의 불균형을 이용한 사기 2

직거래 편취

'중고물품 직거래하시죠'

이번 정황은 앞서 설명한 삼자 사기와 구조는 비슷하지만, 계좌 거래가 아닌 직거래를 이용해 구매자에게 돈을 편취하는 방식입니다.

정상적인 사람이 제대로 된 가격으로, 제대로 된 물건을 팔기 위해 중고 물품 플랫폼에 글을 올립니다. 이어 사기범이 실제 구매자처럼 접근합니다.

사기범: 물건 팔렸나요?

피해자: 아직 안 팔렸습니다.

사기범: 제가 구매하겠습니다.

피해자: 거래는 어떤 식으로 할까요?

사기범: 가격도 있고 하니 깔끔하게 만나서 직거래로 합시다.

피해자: 알겠습니다.

사기범은 진짜 물건을 살 것처럼 물건에 대한 정보를 꼼꼼히 묻고, 직거래를 하자며 시간 체크를 한 뒤 "연락을 다시 주겠다"며 대화를 마칩니다.

이후 앞서 계좌로 편취하는 삼자 사기와 동일하게, 물건 판매자의 물건 이미지와 판매 정보를 그대로 들고 다른 중고 플랫폼에 사기범이 마치 자신이 물건을 파는 것처럼 광고를 올립니다. 곧 또 다른 구매자가 나타납니다.

물건을 사려는 사람: 중고 플랫폼 광고 보고 연락드립니다. 물건 팔렸나요?

사기범: 아닙니다. 아직 안 팔렸습니다.

물건을 사려는 사람: 물건에 하자 있는 건 아니죠?

사기범: 구매한 지 한 달도 안 됐고 거의 새것입니다.

물건을 사려는 사람: 그럼 거래는 어떻게 할까요?

사기범: 가격도 있고 안전하게 거래하려면 만나서 직거래가 좋겠습니다.

물건을 사려는 남자: 알겠습니다.

사기범: 일단 시간 체크 좀 하고 연락드리겠습니다. 플랫폼을 잘 안 보니 카톡으로 연락합시다. 제 카톡은 leekd90입니다. 친구

추가하세요.

(카톡으로 유도하는 이유는 앞서 설명한 것과 같습니다.)

물건을 사려는 남자: 알겠습니다.

이제 사기범은 진짜 물건을 가지고 있는 사람에게 연락해 시간과 장소를 잡습니다.

사기범: 오늘은 너무 늦었고, 내일 오후 두 시쯤 서울 안국역 5번 출구에서 직거래하려고 하는데 시간 어떻습니까?

피해자: 시간 괜찮습니다.

사기범: 그럼 내일 뵙겠습니다.

피해자: 알겠습니다.

여기까지는 정상적인 직거래 절차처럼 보이기 때문에, 물건을 가진 사람 역시 의심할 이유가 없습니다.

이제 사기범은 다른 구매자에게도 동일하게 약속을 잡습니다.

사기범: 오늘은 늦었고, 내일 두 시에 안국역 5번 출구 앞 기아자동차 앞에서 거래하려고 하는데 시간 괜찮습니까?

물건을 사려는 사람: 네, 괜찮습니다.

사기범: 그럼 내일 뵙겠습니다.

물건을 사려는 사람: 알겠습니다.

구매자 역시 정상적인 직거래라고 믿고 아무 의심을 하지 않습니다. 다음 날 오후 1시 30분경, 사기범은 먼저 물건을 가지고 있는 사람에게 연락합니다.

사기범: 어디까지 오셨습니까?

피해자: 한 20분 정도면 약속 장소에 도착할 것 같습니다.

사기범: 제가 갑자기 바쁜 일이 생겨 제 동생이 대신 나갑니다. 동생 만나시면 물건 주시고, 물건값 200만 원 받아 가시면 됩니다.

피해자: 알겠습니다.

사기범: 옷은 어떤 거 입고 계십니까?

피해자: 청바지에 빨간 모자 쓰고 있습니다.

사기범: 알겠습니다.

이제 마지막 단계입니다. 사기범은 구매자에게도 전화를 합니다.

사기범: 어디까지 오셨습니까?

물건을 사려는 사람: 두 시까지는 약속 장소에 도착할 것 같습니다.

사기범: 제가 갑작스러운 일이 있어 동생이 물건을 들고 나갔습니다. 물건 확인하시고, 200만 원은 제 통장으로 보내주시면 됩니

다. 동생은 청바지에 빨간색 모자를 쓰고 있으니 그렇게 알고
계시면 됩니다. 계좌는 지금 찍어 드리겠습니다.

물건을 사려는 사람: 알겠습니다. 계좌번호 찍어 주세요.

사기범: 카카오뱅크 3333-9999-8888 홍길동

이렇게 사기범들은 해외, 예를 들면 캄보디아 등에 있는 사무실에
앉아 중고 플랫폼을 보며, 물건을 팔 의사도 살 의사도 없는 상태에서
사람들을 기망해 판매자와 구매자를 직접 만나게 합니다.

구매자: 물건에 하자가 없는지 한번 보겠습니다.

판매자: 구매 전에 확인하는 거라 생각해 아무 의심 없이 물건을 건넵
니다.

구매자는 이리저리 물건을 살펴보고, 이상이 없다고 판단해 다시 물
건을 판매자에게 돌려준 뒤, 조금 전 사기범이 알려 준 대포통장으로
물건값을 송금합니다.

구매자: 물건값 보냈으니 물건 주세요.

판매자: 입금이 안 됐는데요?

구매자: 휴대폰으로 입금 내역을 보여주며 200만 원을 입금했다고 합
니다.

판매자: 제 계좌가 아닌데요? 누가 여기로 보내라고 했나요?

이 순간에서야 두 사람은 처음 연락했던 사람이 사기범이었고, 삼자 사기였다는 사실을 인지하게 됩니다. 하지만 이미 사기범은 연락이 두절된 상태입니다.

예방 방법

중고 물품 직거래를 할 때는 물건을 확인했다고 해서 곧바로 송금해서는 안 됩니다. 특히 제3자가 알려 준 계좌로 돈을 보내는 것은 매우 위험합니다. 송금 전에 반드시 물건을 가지고 있는 사람에게 "이 계좌로 보내면 되겠습니까?"라고 한 번만 확인해도, 이와 같은 사기는 충분히 예방할 수 있습니다.

이성에 대한 욕구를 노린 사기

데이팅 앱 사기
'오빠 너무 멋있어. 이것도 해주면 안 돼?'

사기범들이 데이팅 앱이나 SNS에서 이성을 사칭해 불특정 다수를 상대로 범죄 대상을 물색합니다. 친해지기 위한 대화를 먼저 걸고, 그 과정에서 피해가 발생합니다.

사기범: 너무 미인이시고 제 이상형인데요. 우리 친하게 지냅시다.
피해자: 그런가요?

말을 걸어온 사람의 프로필 이미지를 보면 외제차, 명품 옷과 시계, 훈훈한 외모까지 갖춘 사진으로 꾸며져 있습니다. 한 번쯤 사귀어 보고 싶다는 생각이 들도록 만들어 놓은 이미지인데, 대부분 타인의 SNS

사진을 도용한 것입니다.

사기범: 네, 몇 살이세요?

피해자: 30살이에요.

사기범: 내가 32니까 내가 오빠네. 말 편하게 하자.

피해자: 알겠어.

사기범: 어디 살아?

피해자: 서울.

사기범: 나는 부산 사는데.

피해자: 부산 남자 멋있지.

사기범: 근데 일 때문에 호주에 잠깐 와 있어.

피해자: 호주?

사기범: 응.

피해자: 어떤 일 하는데?

사기범: 더 친해지면 알려줄게.

피해자: 알겠어.

사기범: 우리 카톡으로 얘기하자. 여기 너무 불편해. 카톡 leekd90이
야, 저장해.

피해자: 알겠어.

데이팅 앱, 인스타그램, 페이스북, 틱톡 등에서 사기범들은 거의 예

외 없이 카톡 아이디를 알려주며 카톡으로 대화를 옮기자고 합니다. 카톡을 추가하면 외제차, 명품 가방, 시계 사진이 프로필과 스토리에 올라가 있고, 재력 있는 사람처럼 보이게 꾸며져 있습니다. 얼굴 사진 역시 훈남 이미지로, 대부분 다른 사람의 SNS에서 도용한 것입니다.

이렇게 하는 이유는 데이팅 앱이나 SNS에서 이미 수많은 사람에게 같은 방식으로 접근했기 때문에 신고가 누적되면 계정이 정지되기 쉽기 때문입니다. 인스타, 페이스북, 틱톡, 데이팅 앱은 계정이 정지되면 팔로워가 모두 사라지고 다시 시작해야 하며, 새 계정은 사기 냄새가 나기 쉽습니다. 반면 카톡은 비교적 정지가 잘 안 되고, 정지를 당해도 다시 만들기 쉬워 대화를 옮기는 것입니다.

이후에는 연인 사이에서 할 법한 평범한 대화가 이어집니다. 사진을 주고받고, "보고 싶다", "한국 들어가면 맛있는 거 먹으러 가자", "제주도 여행 가자", "돈은 내가 낼게" 같은 말로 기대감을 키웁니다. 얼굴도 직접 본 적 없고, 실제로 어떤 사람인지도 모르는 상태에서 며칠 동안 이런 희망 고문이 이어집니다. 충분히 친해졌고 경계가 풀렸다고 판단되면, 그때 사기가 시작됩니다.

사기범: 내가 해외에 있을 때 쓰던 앱이 하나 있는데, 거기에 포인트가 2천만 원 정도 있어. 근데 내일까지 환전 안 하면 소멸돼. 네가 좀 도와줄 수 있을까?

피해자: 오빠가 하면 안 돼?

     범죄의 심리학

사기범: 여자만 가능해. 네가 받아 났다가 이번 주에 내가 한국 들어가
면 그 돈으로 좋은 데 가서 맛있는 거 먹자.

피해자: 알겠어.

사기범은 링크를 하나 보내줍니다. 당연히 사기범이 만든 가짜 사이
트입니다. 사기범이 알려준 아이디와 비밀번호로 로그인하면 2천만 원
포인트가 있는 것처럼 보이지만, 환전 계좌를 입력해도 환전이 되지
않습니다.

피해자: 오빠, 2천만 원 포인트는 있는데 환전이 안 돼.

사기범: 그럴 리가 없는데. 관리자한테 한 번 물어봐.

피해자: 알겠어.

사이트 옆에는 관리자와 연결되는 메시지 창이 있고, 피해자는 사기
범의 지시에 따라 대화를 이어갑니다.

피해자: 환전하려고 하는데 환전이 안 됩니다.

관리자(사기범): 빠른 환전을 하시려면 등업을 하셔야 합니다.

피해자: 등업은 어떻게 하나요?

관리자: VIP 등급으로 등업하려면 97만 원짜리 패키지 상품에 가입
하셔야 합니다.

돈이 필요하다는 이야기에 피해자는 다시 사기범에게 묻습니다.

피해자: 오빠, 97만 원짜리 패키지를 가입해야 한대.

사기범: 포인트 내일까지 환전 안 하면 소멸되잖아. 그렇게라도 해야 지. 내가 2천만 원 들어오면 이자까지 해서 줄게. 좀 도와줘.

결국 피해자는 97만 원을 입금합니다. 하지만 환전은 여전히 되지 않습니다. 이번에는 "처음 거래라 보증금이 필요하다", "환전 금액의 30%를 보증금으로 내야 한다"며 600만 원을 요구합니다. 사기범은 대출까지 권하며 압박합니다.

이후에는 계좌번호가 잘못 입력됐다, 사이트 규칙상 처음부터 다시 해야 한다, 다시 등업해야 한다는 식으로 끝없이 돈을 요구합니다. 사이트와 사기범이 짜고 치는 구조이기 때문에, 돈이 있는 한 계속 뜯어

SNS에서 도용한 훈남 사칭 프로필 사진

낼 수 있습니다. 빠져나오지 못하면 결국 영혼까지 털리고 나서야 사기라는 걸 깨닫게 됩니다.

예방 방법

누군가가 메시지나 톡으로 사이트 링크를 보내주면 절대 바로 열지 말고, 사이트 이름을 물어본 뒤 앱스토어나 플레이스토어에 실제로 등록된 앱인지 확인해야 합니다. 대부분 이런 사이트는 스토어에 등록되어 있지 않거나, 다운로드 수가 거의 없는 신규 앱입니다. 또한 포인트를 환전하는데 등업이 필요하다, 보증금이 필요하다는 말은 100% 사기입니다. 이런 요구가 나오는 순간, 대화를 즉시 중단하는 것이 가장 안전합니다.

대리 구매 사기

노쇼 사기

'군부대 간부, 정치인, 연예인 회식합니다.

30명 예약과 와인 준비해주세요'

사기범들은 해외에 사무실을 차려 놓고 군부대 간부, 정치인, 유명인 매니저나 보좌관, 군 간부 등을 사칭합니다. 그리고 실제 뉴스에 나오는 이슈를 만들어 범죄를 시작합니다. 여기서 말하는 이슈란 유명 가수 콘서트, 지방선거·대통령선거·국회의원 선거처럼 포털사이트에 검색만 해도 기사로 확인되는 행사들을 말합니다. 이런 정황을 이용해 지역을 특정하고, 포털에서 맛집을 검색해 불특정 다수의 식당에 전화를 걸면서 사기가 벌어집니다.

사기범: 식당 예약 좀 하려고 하는데 오늘 장사 몇 시까지 합니까?

피해자: 11시까지 영업합니다.

사기범: 행사 끝나고 20명 정도 저녁 식사 겸 회식하려고 하는데 예약

가능할까요?

사기범은 이미 블로그 등을 통해 사전답사를 하고 식당 규모를 파악한 뒤 전화를 걸기 때문에 예약이 가능할 확률이 높다는 것을 알고 있습니다.

피해자: 네, 가능합니다.

장사가 잘 안되던 시기에 20명 단체 예약이 들어오자 업주는 매출이 생긴다는 생각에 마음이 들뜹니다.

사기범: 테이블은 5테이블 준비해 주시고, 한 테이블당 살치살 3인분, 안창살 3인분씩 총 6인분으로 준비해 주세요. 임영웅 가수 매니저인데 잘 부탁드립니다. 해운대 콘서트 행사 끝나고 갈 예

정이니 저녁 7시까지 준비해 주시면 됩니다. 문자로 명함 보내드리겠습니다.

잠시 후 '물고기컴퍼니 소속 임영웅 매니저 김철진'이라는 명함 이미지가 도착하고, 스태프와 유명 인사들이 많이 참석하니 잘 부탁한다는 메시지가 함께 옵니다. 국민가수 임영웅이 자신의 가게에 온다는 말에 업주의 기대와 흥분은 더 커집니다.

예약 시간까지 약 3시간이 남아 있는 상황에서 음식을 준비하던 중, 다시 전화가 옵니다.

사기범: 조금 전에 단체 예약했던 물고기컴퍼니 임영웅 매니저 김철진입니다.

피해자: 네.

사기범: 오늘 행사 끝나고 관계자들끼리 술을 한잔하려고 하는데 고급 위스키를 구매해 주실 수 있나요?

피해자: 어떤 걸 준비해 드릴까요?

사기범: 루이 13세 700ml 클래식 디캔더 두 병만 준비해 주세요. 고급 술이라 있을지 모르겠지만 한번 알아보시고 연락 주세요.

루이 13세는 병당 수백만 원에 달하는 술로, 일반 주류상이나 편의점에서는 구하기 어렵습니다. 피해자는 거래처 주류상과 여러 곳에 문

                                                      범죄의 심리학

1. 피해자에게 믿음을 주기 위해 위변조된 유명인사 매니저사칭 명함 전송

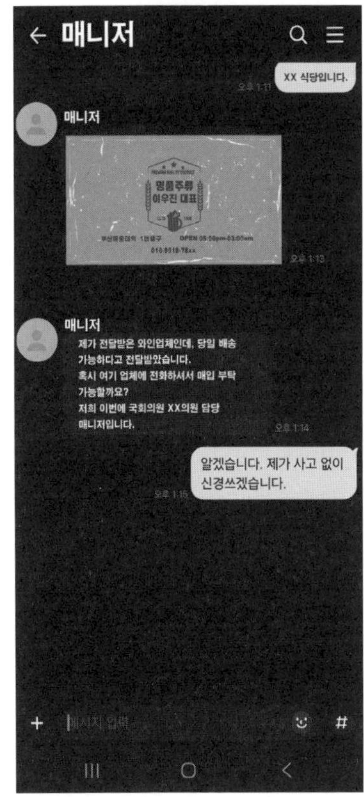

2. 피해자에게 대리구매를 통해 사기계획을 짜기 위해 보낸 가짜사업자 명함

3. 사기범이 보낸 가짜명함에 피해자가 대리구매를 하기위해 사기범과 나눈 대화내용

의하지만 결국 구하지 못하고 다시 전화를 겁니다.

> **피해자:** 말씀하신 루이 13세 양주는 지금 구할 수가 없는데 어떻게 할까요?
>
> **사기범:** 저희가 자주 이용하는 주류 상사가 있습니다. 거기에 한번 연락해 보시겠습니까? 술 종류와 명함을 문자로 보내드리겠습니다.

'명품 주류상사 이우진 대표'라는 명함이 도착하고, 피해자는 그 번호로 전화를 겁니다.

> **피해자:** 명품 주류상사 맞습니까?
>
> **주류상사 사칭 사기범:** 네, 어디십니까?
>
> **피해자:** 여기는 철마 한우수목원입니다.
>
> **주류상사 사칭범:** 루이 13세 몇 병 필요하십니까?
>
> **피해자:** 두 병이요.
>
> **주류상사 사칭범:** 귀한 술이라 재고 확인 후 바로 연락드리겠습니다.

잠시 후 다시 전화가 옵니다.

> **주류상사 사칭범:** 철마 한우수목원 맞으시죠? 루이 13세 두 병 필요하

시다고요. 그런데 누구 소개로 연락 주셨나요? 저희는 유명 인사나 정치인 쪽만 거래합니다.

피해자: 임영웅 매니저분이 부탁해서요.

주류상사 사칭범: 물고기컴퍼니 김철진 매니저 맞죠? 임영웅 가수님 쪽은 부산 오실 때마다 저희한테서 이 술만 드십니다.

이 말에 피해자는 의심을 거둡니다.

주류상사 사칭범: 두 병 해서 920만 원입니다.

피해자: 네… 920만 원이요?

주류상사 사칭범: 병당 460만 원입니다. 있는 분들만 마시는 술이죠.

금액이 커서 다시 매니저에게 확인합니다.

피해자: 병당 460만 원, 두 병 920만 원이라던데 맞나요?

사기범(매니저 사칭): 네, 맞습니다. 식사 끝나고 식사비랑 같이 결제하겠습니다. 술값은 병당 500만 원씩, 총 1천만 원으로 계산해 드릴게요.

국민가수가 온다는 기대, 큰 매출과 홍보 효과, 식사 후 결제하겠다는 말에 피해자는 결국 돈을 마련해 술을 주문합니다.

주류상사 사칭범: 계좌 보내드릴 테니 입금해 주시면 바로 출발시키겠
습니다.

카카오뱅크 3333-5555-7777 김준현.
피해자는 급히 920만 원을 송금합니다.

사기범: 확인했습니다. 바로 출발하겠습니다.

하지만 여기서 끝이 아닙니다. 술값 입금이 확인되자 매니저 사칭범
이 다시 전화를 합니다.

사기범: 20명 예약했는데 8명 더 추가 가능할까요?
피해자: 네, 가능합니다.
사기범: 그럼 동일하게 두 테이블 추가해서 총 28명으로 준비해 주세
요. 그리고 술 좋아하시는 분들이 많아서 루이 13세 두 병 더
부탁드립니다.

이미 한 번 큰돈을 입금한 상태라, 여기서 빠져나오기는 매우 어렵
습니다. 상인들의 간절한 마음과 공인에게 실수할까 두려운 심리를 이
용해, 사기범은 양주 값이 바닥날 때까지 같은 방식으로 돈을 뜯어냅
니다.

                                           범죄의 심리학

예방 방법

아무리 유명인, 정치인, 공인이라 해도 단골도 아닌 식당에 수천만 원짜리 술을 대신 구매해 달라고 요구하지 않습니다. 공인이라고 해서 특별한 사람이 아닙니다. 이런 단체 예약을 받을 때는 반드시 예약금을 요구해야 합니다. "요즘 노쇼나 대리 구매 사기가 많아서 술은 구해 드릴 수 있지만 비용은 먼저 보내주셔야 합니다. 고기 60인분 이상 준비하는 예약이라 예약금이 있어야 진행할 수 있습니다"라고 공손하게 말하세요. 사기범은 카드 결제를 하겠다며 말을 돌릴 수 있지만, 그래도 예약금은 필수라고 분명히 하세요. 맛과 서비스로 보답하겠다고 덧붙이면 됩니다. 요즘 실제로 많이 발생하는 범죄 수법입니다. 사기는 당하고 나서가 아니라, 미리 막는 것이 가장 중요합니다.

감정적 약점을 활용한 사기

로맨스 스캠 투자 사기

'친하게 지내고 싶어요. 투자하세요'

사기범들이 인터넷과 와이파이가 되는 사무실에 근거지를 두고 대포폰으로 다른 사람의 프로필 사진을 도용해 군인, 의사, 파일럿, 국제 비즈니스맨, 투자자, 선장, 엔지니어, 석유 시추 전문가, 성공한 사업가, 부유한 미망인, 상속자, IT·보안 전문가 등 딥페이크 기술로 특수 직업인을 사칭해 인스타, 페이스북, 틱톡 등 SNS 계정을 수백 개 생성해 범죄를 계획하며, 이성에게 DM을 보내 범죄 대상을 물색합니다. 이어 자연스럽게 대화를 이어갑니다.

우선 사기범은 안녕하세요라고 DM을 보냅니다.

이런 메시지는 나 혼자한테만 보내는 것이 아니라, 남성을 사칭하는 사기범은 여자 프로필을 하고 있는 여성에게 무작위로 메시지를 보내

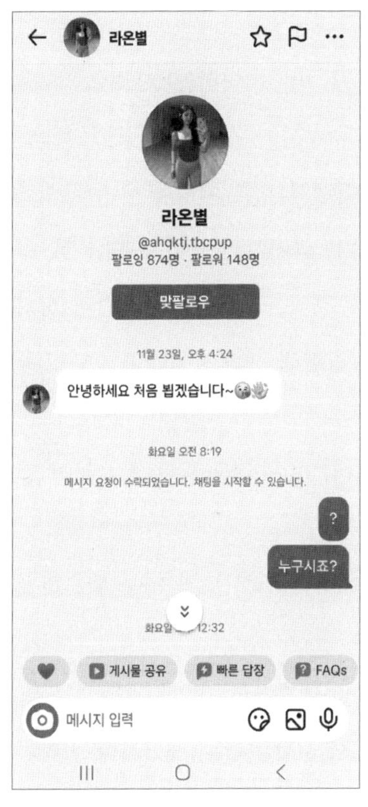

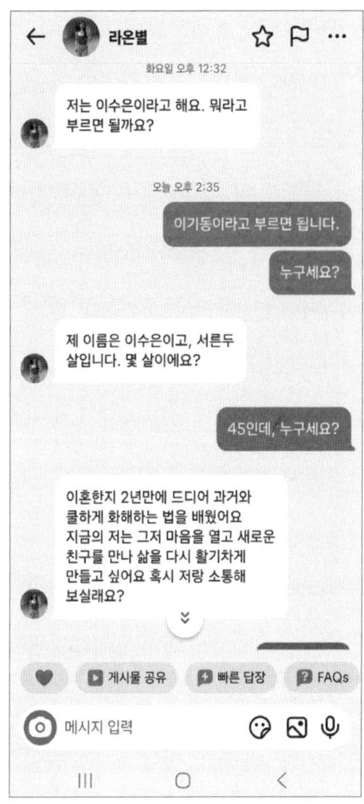

사기칠 사람을 물색한 사기범이 이성을 사칭해 SNS를 통해 말을 걸어오는 피해자와 나눈 대화내용

고, 여성을 사칭하는 사기범은 남성에게 무작위로 메시지를 보냅니다. 이런 메시지를 받고 그냥 가만히 대꾸도 하지 않고 무시하면 아무 일도 일어나지 않는데, 또 이성이 나에게 말을 걸어 오니 프로필 사진을 한번 클릭하고 말 걸어 온 사람의 이미지를 쳐다보며 말을 이어 가는 순간 사기로 이어지는 것입니다.

피해자: 네. 누구시죠?

사기범: 1년 전 필리핀 카지노에서 뵈었는데 저 기억 안 나세요.

기억이 안 나는 게 당연한 것이고, 이런 식으로 이성을 사칭해 대화로 이어 가는 게 목적입니다. 왜? 대화가 되어야 사람의 부족한 점, 약점, 지금 처해 있는 상황을 알 수 있고, 그것을 파고 들어 사람의 심리를 무너뜨려 경계를 풀게 만들어 돈을 편취해 가는 것입니다.

피해자: 저는 1년 전에 필리핀 간 적이 없는데요? 사람 착각하신 것 같은데요?

사기범: 네. 죄송합니다. 제가 1년 전에 만났던 사람과 너무 비슷하게 생겨서 제가 실수를 했습니다.

피해자: 그럴 수 있죠? 수고하세요.

사기범: 이렇게 만난 것도 인연인데, 서로 재미있는 얘기하며 연락이나 하고 지냅시다.

피해자: 알겠습니다.

이렇게 해서 실수로 메시지를 보냈다고 하면 대화가 끝나야 하는데 사기범이 또 말을 걸어 옵니다. 대꾸를 안 하면 사기로 이어지지 않는데, 대화가 끊기면 사기를 칠 수 없기 때문입니다. 이제는 평범한 대화가 이어집니다. 여기서 바로 금전적 얘기를 하면 경계를 하니 경계가

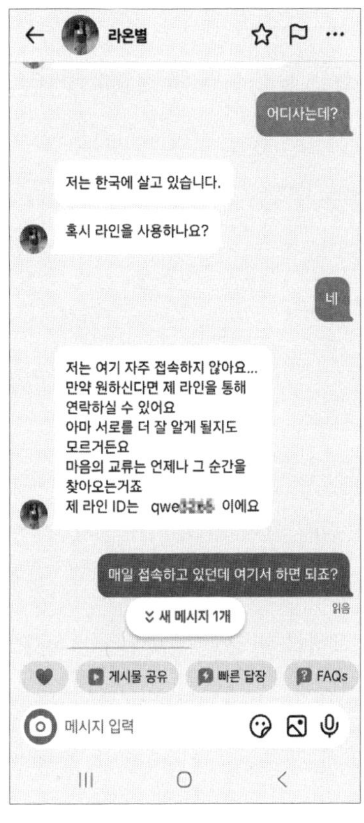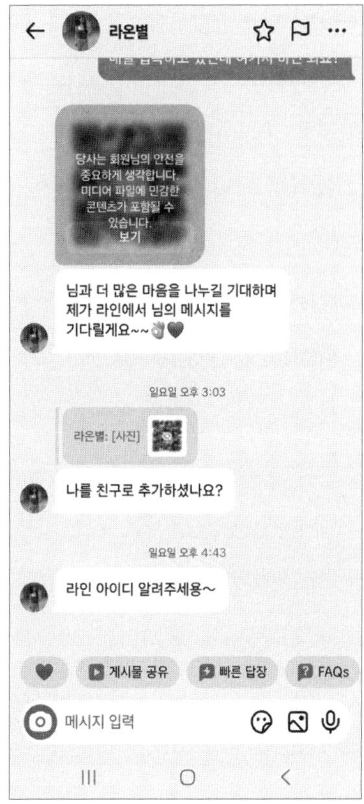

풀릴 때까지 계속 대화를 이어 갑니다. 그리고 항상 사기범이 하는 행동이 있습니다. SNS 계정에서 카톡으로 갈아타는 것입니다. 범죄 대상을 처음 물색하는 SNS 계정은 수많은 사람들에게 이런 대화, 이런 메시지를 했기 때문에 누군가 피해가 일어나고 사기성 있는 대화를 이어가면 신고로 계정이 정지 됩니다. 정지가 계속 되면 사전에 작업을 해

놓았던 사람들이 이상하게 생각하고 경계를 하기 때문에 카톡 아이디를 가르쳐 주면서 "이 어플은 대화가 자주 끊긴다"며 카톡으로 연락을 하자고 유도합니다.

아침이 되니 카톡으로 연락이 옵니다.

사기범: 굿모닝

피해자: 네. 안녕하세요.

사기범: 한국은 지금 날씨가 어때?

대부분 스캠 사기를 치는 사람들은 외국인이 많으며 번역기를 쓰고 대화를 이어 가기 때문에 한국말이 좀 서툽니다. 한국말을 잘한다고 해서 사기가 아니라는 게 아니라, 그만큼 다양한 외국인들이 라오스, 미얀마, 캄보디아 범죄 단지처럼 많은 인력이 투입되어 한국을 향해 사기를 치고 있는 것입니다.

피해자: 흐리고 비가 옵니다.

사기범: 여기는 너무 맑습니다.

피해자: 네.

사기범: 우리 친구인데, 말 편하게 하자.

피해자: 네.

사기범: 점심은 뭐 먹었어?

피해자: 김치찌개 먹었어.

사기범: 나도 김치찌개 좋아하는데?

피해자: 언제 김치찌개 먹어 봤는데,

사기범: 3년 전 서울에서 먹었지

피해자: 지금은 어디 있는데,

사기범: 일본, 도쿄에 있어

피해자: 일본 도쿄에서 뭐 하는데?

사기범: 남편이 일본에서 사업하다가 질병으로 인해 사망했거든. 그래서 남편이 하는 일을 이어 받아 사업을 하고 있어.

피해자: 아 아픈 사연이 있구나!

사기범: 너는 이름이 뭐야?

피해자: 난 기동이야.

사기범: 결혼은 했어?

피해자: 결혼은 사연이 많아 아직 못 했어.

여기서 이제 사기범은 호구 조사, 약점이 뭔지, 아내는 있는지, 결혼은 했는지, 자녀는 있는지, 직업은 뭔지, 경제력은 어떤지, 피해자가 원하는 것이 무엇인지 맞춤형으로 정보를 빼 갑니다. 이런 대화를 적게는 1~2주, 많게는 6개월씩 경계가 풀릴 때까지 얼굴도 보지 못한 채 계속 이어 갑니다.

사기범: 딱 내 이상형인데, 왜 아직 결혼을 못 했어?

피해자: 이상형이라고?

사기범: 응, 예전에 만났던 남친이랑 스타일이 너무 비슷해.

피해자: 그렇구나.

사기범: 다음 달에 한국 들어갈 예정인데, 그때 같이 김치찌개에다가 소주 한잔 먹자.

피해자: 좋아.

사기범: 잘 나온 사진 있어?

피해자: 사진은 왜?

사기범: 그냥 보고 싶을 때 보려고 그렇지.

피해자: 너도 사진 하나 보내줘.

사기범: 알았어.

너무 미인이거나 너무 잘생기면 또 가짜라고 경계를 할 수 있으니, 중간 정도의 '사이즈'를 만들어 경계심을 낮춥니다. 군인을 사칭한 사람은 군복 사진을, 의사를 사칭한 사람은 의사 가운을, 사업가를 사칭한 사람은 깔끔한 옷차림으로 여러 정황을 만들어 많은 사람에게 사기를 치고 있기 때문에 사기범들은 늘 준비가 되어 있습니다. 이 여자는 사업가를 사칭하고 있기 때문에 깔끔한 옷에 사업가의 품위가 느껴질 만한 사진을 두 장 보내줍니다. 요즘 IT 기술이 좋기 때문에 화상 통화를 하자고 하면 딥보이스 기술로 통화까지 하며 이런 식으로 계속 대화를 이어 갑니다.

이런 식으로 지금은 일이 있어 못 가고 다음 주, 다음 달, 내년에 한국에 들어간다고 희망 고문을 하며 가스라이팅을 시켜 놓습니다. 그리고는 계속해서 사랑해, 보고 싶다, 다음 달 만나자, 이상형이다, 사업이 잘되어 가고 있다, 갖고 싶은 게 뭐냐, 어디 가고 싶냐 같은 대화를 이어 갑니다. 이제 경계가 풀렸고 믿음이 생겼다고 생각할 때 슬슬 사기범의 본색이 나옵니다.

사기범: 굿모닝

피해자: 굿모닝

사기범: 어제 가상화폐 사 놓은 코인이 있는데, 이게 대박 나서 한국 돈으로 10억 정도 수익이 생겼다.

피해자: 우와! 10억이나 벌었다고?

사기범: 그래.

사실 확인을 시키기 위해 위변조된 통장 사본, 달러 뭉치, 금괴, 골드바 같은 이미지를 보내며 거짓을 진실로 믿게끔 만듭니다.

사기범: 나는 남편이 물려준 재산도 있고 어느 정도 자리를 잡아 놔서 돈도 많이 필요 없으니, 다음 달 한국 가면 벤츠 차 한 대 사 줄게! 어떤 모델 갖고 싶은지 생각해 둬.

피해자: 아니야, 무슨 벤츠야?

사기범: 나하고 코드를 맞추려면 그 정도 차는 사야지!

피해자: 알겠어!

이제 투자 얘기를 꺼내면서 한 단계 더 빠져나올 수 없도록 작업을 시작합니다.

사기범: 나를 많이 도와주는 사업가가 있는데, 지금 내가 하는 가상화폐 이거 앞으로 호재가 많아서 200배 이상은 올라 간다는데, 오빠도 여기에 많이는 하지 말고 돈 30만 원이라도 투자해봐. 30만 원 없어져도 큰 손해는 없는데, 200배 올라가면 돈이 6천만 원이야.

처음에는 피해자들도 다 소액으로 시작합니다. 없어도 되는 돈이고 손해를 봐도 별 타격이 없으니 여기서부터 문제가 시작됩니다. 이상형이라는 사람이 결혼하자고 하고 나한테 관심을 보여 주며, 남편이 사망하기 전 물려준 재산도 많고 또 투자를 해서 10억 수익이 생겼다고 인증까지 해주고, 성격도 나쁘지 않은 사람이 다음 달 한국에 들어오면 김치찌개에 소주 한잔 하자고 하니 시키는 대로 30만 원을 투자를 안 할 수가 없습니다.

피해자: 그럼 어떻게 하면 되는데?

사기범: (링크를 보내며) 이게 우리가 쓰는 사이트인데 일단 아이디를

하나 만들면 돼.

피해자: 알았어.

이 사이트 역시 사기범이 만들어 놓은 가짜 사이트입니다. 사기범들은 주식·가상화폐 시세를 언제든지 조작할 수 있고, 또 이런 것을 모바일로 내려받게 해서 권한을 허용하게 만든 뒤 2차 범죄로 이어지게 합니다.

피해자: 만들었어!

사기범: 그럼 사이트 밑에 있는 계좌로 30만 원 입금하면 된다.

피해자: 알겠어. 입금한다. (기업은행 조성원 170-3383-8999)

사기범: 한 코인당 한국 돈으로 10만 원이니, 코인 3개가 들어갔을 거야.

피해자: 확인해 보니 코인 3개가 들어왔고, 출금 가능한 금액이 또 30만 원이라고 사이트에 떠 있다.

사기범: 출금은 환전 신청하면 언제든지 가능하고 수수료는 환전 금액의 5%야.

피해자: 알겠어.

사기범: 하루하루 올라가는 배당이 다르니, 일단 내가 정보 받아서 얘기해 줄 테니 출금하지 말고 가지고 있어.

피해자: 알겠다.

이것은 사기범들이 조작해서 만들어 낸 가짜 코인이고, 증권회사나 가상화폐 거래소 같은 곳에 연동되어 있지 않은 사이트입니다. 출금·환전 신청을 해도 환전이 되지 않습니다.

사기범: 나는 오늘 또 2억 투자해서 20% 수익이 생겨 4천만 원을 벌었다.

그리고 또 사진으로 돈다발 인증을 보내 줍니다.

피해자: 와! 진짜 대박이다.

사기범: 오빠도 이렇게 될 건데? 아무튼 수익 생기면 김치찌개는 오빠가 사?

피해자: 저렇게 벌면 김치찌개만 사겠냐?

이런 식으로 돈다발을 보여 주며 계속 가스라이팅을 시킵니다. 다음 날도 역시 굿모닝으로 시작됩니다.

사기범: 굿모닝

피해자: 굿모닝

사기범: 오빠 축하해! 금액은 적지만 그래도 20% 수익이 생겼네!

피해자: 정말?

사기범: 나도 또 1억 투자해서 2천 벌었어!

피해자: 진짜 대박이다!

사기범: 일단 사이트 들어가서 환급받을 계좌 입력하고 환전 신청 한 번 해봐! 환전 잘되는지.

피해자: 알았어.

사이트에 계좌번호를 입력하고 환전 신청을 하니 3분도 되지 않아 코인 환전 이름으로 원금 30만 원, 수익 6만 원, 환전 수수료 5%로 1만8천 원을 빼고 34만2천 원이 입금됩니다. 피해자는 가만히 앉아서 하루 만에 4만2천 원을 벌었고 환전이 되는 것을 보고 사기가 아니라는 것을 인지하게 됩니다. 하지만 사기가 아닌지 맞는지는 지금부터 시작입니다.

사기범: 환전 되었어?

피해자: 응.

사기범: 얼마 들어왔어?

피해자: 34만2천 원.

사기범: 환전 수수료가 빠져서 그럴 거야.

피해자: 아! 그런가 봐.

사기범: 김치찌개 값은 벌었네?

피해자: 너는 오늘도 2천이나 벌었잖아?

사기범: 그러니까 투자를 할 때, 돈 베팅할 때는 시원하게 해야 되는 거야.

피해자: 그럼 나도 한번 해볼까?

사기범: 봐봐, 해 보니까 어려운 것도 아니고 돈이 되잖아!

피해자: 그건 그렇네!

사기범: 이번 주에 좋은 가상화폐 주체에서 좋은 호재가 많다고 하니, 이럴 때 돈 좀 벌어 놔야지. 나는 이번에 5억 넣었어.

피해자: 정말?

(사기범은 또 가짜 입금 내역과 사이트에 가상화폐 5,000개가 든 전자지갑을 캡처해서 보내 줍니다.)

피해자: 와 정말 너는 사업가 맞구나?

사기범: 아니야, 주위에 도와주는 높은 사람들이 많아서 그래. 이런 기회 자주 없으니 오빠도 자금 좀 구할 수 있으면 구해봐. 돈 벌어서 한국 들어가 나하고 행복하게 살면 되니까. 나도 많이 부족하지만 내가 많이 도와줄게.

피해자: 알겠어.

이제 마음이 흔들리기 시작합니다. 결혼하려고 15년 동안 모아 둔 적금, 예금 통장, 대출까지 모든 자금력을 동원해 투자를 합니다. 당연히 입금하면 출금도 되지 않고, 관리자와 연결되면 그놈도 한통속이라 "큰돈 환전 신청을 해서 이 돈이 금융 범죄에 사용된 돈일 수도 있으니 보증금을 넣어라", "계좌번호를 잘못 썼다", "다시 처음부터 시작해야 한다" 같은 이 핑계 저 핑계로 영혼이 다 털리고 나서야 사기라는 것을 인지하게 됩니다.

로맨스 스캠 사기는 여러 정황이 있습니다. SNS로 특수 직업인을 사칭해 말을 걸어 오며 다가오는 방법은 비슷하지만, 가상화폐 투자 사기가 아닌 경우도 많습니다. 군인인데 전쟁 중 큰 부상을 입었다며 사진을 보내고 병원비를 보내라, 임무 수행 중 보물을 찾았다며 금괴·달러 이미지를 보내고 한국 들어갈 테니 통관 문제로 통관비·세금을 보내라, 사업가인데 암호화폐 계정이 공격받았는데 풀기 위해 자금이 필요하다, 부모님께 큰 유산을 받았는데 변호사 비용이 부족하다 등 "해외에 있다"는 이유로 곤란한 상황을 만들어 돈을 편취해 갑니다.

예방방법

이것만 기억하세요. 잘생기지도, 이쁘지도 않은 '중간'인 사람들이 군인, 의사, 선장, 사업가 등 특수 직업인 것처럼 프사를 걸어 놓고 SNS로 말을 걸어 옵니다. "만나서 반갑습니다", "안녕하세요", "아는 사람인 척", "이상형이라고", "고양이·개를 키우네요", "취미가 같은 사람인 것처럼" 대화를 걸어 올 때 대화를 하지 마세요. 무시하고 대화를 이어 갔다가 감정을 장악당하고, 과한 관심과 친절, 신뢰 착각을 유도해 가짜 호의와 가짜 위기, 동정심을 자극하고, 조작된 가짜 이미지·문서·가짜 사이트에 현혹되어 사기로 이어지는 것입니다. 유산이 많은 사람, 돈이 많은 사업가, 군인, 의사가 나 같은 사람에게 호의를 베풀고 돈 벌게 해 주겠다, 결혼하자, 만나자 하는 것 자체가 말이 안 됩니다. 지금 SNS로 말을 걸어 오는 사람은 재력가 권위자가 아니라 캄보디아 범죄 단지에 있는 사기꾼이라는 것을 명심하고, 대화도 하지 말고 차단하시길 바랍니다.

성적 호기심 사기

몸캠 피싱
'옷 벗고 화끈하게 놀아볼까?'

　범죄 대상을 물색하고 대화를 이어 가는 방식은 앞서 설명한 로맨스 스캠과 유사합니다. 다만 로맨스 스캠은 남성과 여성을 가리지 않고 금전을 편취하는 범죄인 반면, 몸캠 피싱은 주로 남성을 대상으로 발생하는 범죄라는 점에서 차이가 있습니다.

　로맨스 스캠이 감정을 장악한 뒤 과도한 관심과 친절, 신뢰에 대한 착각을 유도하고, 가짜 호의와 가짜 위기, 동정심을 자극해 조작된 이미지와 문서, 가짜 사이트에 현혹되도록 만들어 사기로 이어지는 범죄라면, 몸캠 피싱은 경계가 풀리는 즉시 성적 호기심을 자극해 음란한 대화로 유도하고, 거짓 영상으로 현혹한 뒤 알몸 상태의 화상 통화를 하게 만들어 이를 녹화해 협박으로 금전을 갈취하는 범죄입니다.

범죄 대상을 물색하는 방법과 계획하는 방식, 접근하는 구조는 앞서 설명한 로맨스 스캠과 거의 동일합니다. 또한 딥페이크와 딥보이스 기술이 발달하면서 말을 걸어 오는 사람이 남성일 수도 있고 여성일 수도 있으며, 실제 성별과는 무관하게 범죄가 이루어집니다.

사기범은 여성을 사칭해 다음과 같은 방식으로 접근합니다.

사기범(여자 사칭): 오빠, 내 아는 친구가 약을 하나 줬는데 그거 먹으니까 너무 기분이 좋아.

피해자: 무슨 약을 먹었는데?

사기범(여자 사칭): 살도 빠지고 집중력도 좋아진다고 해서 먹었어.

피해자: 혹시 마약 아니야?

사기범(여자 사칭): 친한 친구인데 설마 마약이겠어. 기분도 좋고 집중만 잘되면 되지. 오빠 지금 어디야?

이 과정에서 사기범은 상대를 다소 헤프고 부족한 사람처럼 대합니다. 그래야 남성이 스스로 리더 역할을 해야 한다고 느끼고, 주도권을 잡으려는 심리가 작동하기 때문입니다.

피해자: 집이야.

만약 집이 아니라고 하면, 언제 집에 들어갈 것인지 집요하게 묻습니다. 은밀한 영상을 촬영해야 하기 때문에 밖에서는 범행이 어렵기 때문입니다.

사기범(여자 사칭): 오빠랑 대화하니까 너무 흥분되는데, 내 알몸 사진 하나 찍어서 보내 줄까?

이후 사진 한 장을 전송합니다. 알몸 사진처럼 보이지만, 실제로는 딥페이크로 제작된 가짜 이미지입니다.

피해자: 와, 몸매 끝내주는데?
사기범: 오빠 것도 하나 찍어서 보내 줘.

이렇게 음담패설이 오가고, 노출된 사진이 서로 전달되면서 점점 수위가 높아집니다.

사기범: 목소리 듣고 싶은데, 보이스 톡으로 통화 한번 할까?
피해자: 알겠어.

보이스 톡을 통해서도 음란한 대화가 이어집니다.

사기범: 내 가슴 보여 줄 테니까 화상 통화하자.

핸드폰에 저장되어 있는 전화번호를 탈취하기 위
해 목소리가 안들린다며 피해자에게 악성앱을 다
운로드받으라고 유혹하는 대화내용

화상 통화가 걸려 옵니다. 처음에는 화면이 비공개 상태로 설정되어 있습니다.

이때 화면에 나타나는 영상은 딥보이스와 딥페이크 기술로 조작된 것입니다. 이러한 기술은 SNS에 업로드된 몇 초 분량의 음성이나 영상만으로도 쉽게 제작할 수 있어 범죄에 광범위하게 악용되고 있습니다.

이처럼 은밀한 대화와 영상 통화가 이어지는 과정에서, 사기범은 갑자기 목소리가 잘 들리지 않는다거나 화질이 좋지 않다는 이유를 대며, 음질과 화질이 더 좋은 애플리케이션으로 통화를 하자고 제안합니다. 그리고 악성 코드가 포함된 파일 하나를 전송하며 다운로드 후 권한을 허용하라고 지시합니다.

피해자는 사기범의 말대로 파일을 다운로드하고, 각종 권한을 허용합니다. 이 순간 휴대전화는 이른바 '좀비 폰'이 되고, 휴대전화에 저장된 연락처와 개인정보가 사기범에게 넘어가게 됩니다.

이후 사기범은 이미 녹화해 둔 영상과 자료를 근거로 협박범으로 돌변합니다. 지금 당장 돈을 보내지 않으면 아내, 여자친구, 회사 동료, 지인들에게 해당 영상을 유포하겠다고 협박합니다. 실제로 장인에게 영상이 전송되어 이혼에 이르는 사례도 발생한 바 있습니다.

이러한 범죄는 한 번 연루되면 빠져나올 방법이 거의 없습니다. 돈을 준다고 해서 해결되는 문제도 아니며, 돈을 보내면 지속적으로 추가 금전을 요구하게 됩니다. 특히 잃을 것이 많은 사람일수록 피해 규모가 커지고, 결국 재산뿐 아니라 가정과 사회적 관계까지 무너진 뒤에야 끝나는 경우가 많습니다.

예방 방법

기혼자이든 미혼자이든 이러한 상황 자체를 만들지 않는 것이 가장 확실한 예방법입니다. 만약 실수로 이런 범죄에 연루되었다면, 어떠한 대응도 하지 말고 즉시 차단하는 것이 가장 현명한 선택입니다.

혹시라도 영상이 지인이나 가족에게 공유되면 어떻게 해야 할지 두려워하는 사람도 있을 것입니다. 그러나 그 두려움 때문에 돈을 보내는 것은 상황을 더욱 악화시킬 뿐입니다. 만약 실제로 영상이 노출된다면, 딥페이크와 딥보이스 기술을 이용해 금전을 갈취하려는 보이스피싱 범죄라고 설명하는 것이, 모든 돈을 빼앗기고 사회적으로 매장되며 이혼에 이르는 것보다 훨씬 덜 큰 피해라는 점을 반드시 기억하시기 바랍니다.

희망 고문 사기

비대면 사채의 비밀

'네, 얼마가 필요하신데요?'

요즘 경제가 어려워지면서 돈이 들어갈 곳은 많아지고, 제도권에서는 대출 승인이 쉽지 않다 보니 플랫폼이나 SNS에서 "대출이 가능하다"는 광고를 보고 돈을 빌렸다가 피해를 입는 사례가 급증하고 있습니다. 이번에는 그 수법과 이들이 숨기는 비밀을 정리해 보겠습니다.

분명히 SNS나 플랫폼, 포털사이트의 대출 광고를 보고 전화를 걸었는데도 전화를 받지 않는 경우가 많습니다. 이는 단순한 부재가 아니라, 고의로 전화를 받지 않는 것입니다.

불법 사금융 업자들의 목적은 많은 사람에게 돈을 빌려주고 높은 이자를 받아내는 데 있습니다. 그런데 플랫폼이나 포털사이트에 광고를

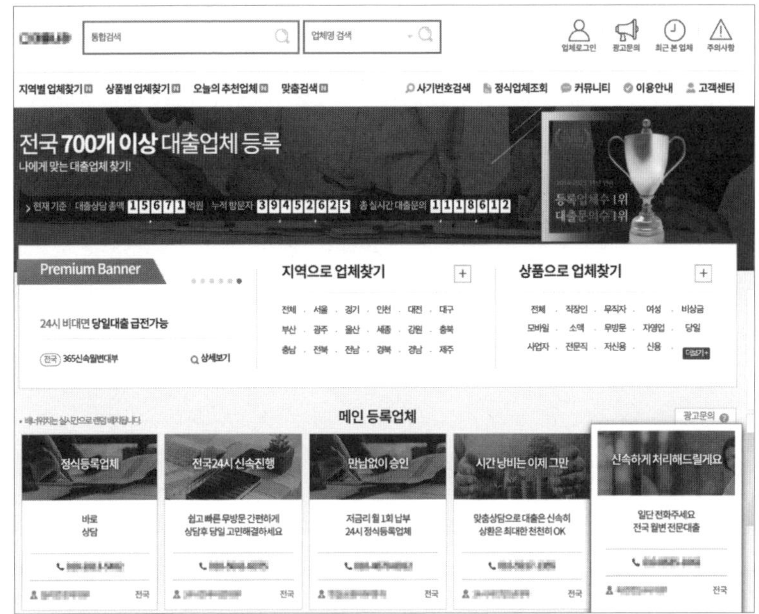

정상 대부업처럼 보이는 불법 사금융 SNS 광고

게재하려면 대부업 허가증이나 대부중개업 등록증이 있어야 합니다. 만약 광고를 보고 연락해 온 사람들에게 그 광고의 사업자 명의로 실제 대출을 실행하면 사업자가 특정되고, 법정 이자율(연 20% 이내) 안에서만 운영해야 하므로 불법 추심이나 살인적인 이자를 요구하기가 어렵습니다. 그래서 일부러 전화를 받지 않고, 부재중 전화로 남은 번호 등 개인정보만 확보한 뒤 다른 대포폰으로 다시 연락해 대출을 해주겠다고 접근하는 방식으로 움직입니다.

보통 5분에서 10분 정도가 지나면 모르는 번호로 전화가 오거나, 카카오톡이나 문자로 연락이 옵니다. 여기서부터 문제가 시작됩니다. 사기범은 "누구나 빠른 대출, 3천만 원까지 가능" 같은 문구로 피해자를 유혹합니다. 피해자는 대출을 알아볼 때 한 곳만 보는 것이 아니라, 승인될 때까지 여러 곳에 문의하는 경우가 많습니다. 바로 그 점을 노리는 것입니다. 돈이 급한 상황에서 "3천만 원까지 가능"이라는 연락이 오면 상대가 누구인지, 소속이 어디인지 제대로 확인하지 못한 채 상담을 시작하게 됩니다.

피해자: 광고 보고 전화드립니다.

사기범: 네, 얼마가 필요하신데요?

피해자: 광고에는 누구나 3천까지 대출해 준다고 했는데, 얼마까지 가능합니까?

사기범: 일단 저희도 첫 거래라 신용 조회를 한번 해봐야 합니다. 직장은 있으십니까?

피해자: 네, 있습니다.

(아무리 불법 사채라고 해도 직장이 없으면 돈을 빌려주지 않는 경우가 많습니다.)

사기범: 어디에 다니십니까?

피해자: 공무원입니다.

사기범: 어떤 공무원이십니까?

피해자: 소방관입니다.

사기범: 근무하신 지는 얼마나 되셨습니까?

피해자: 7년 정도 되었습니다.

사기범: 급여는 얼마나 받으십니까?

피해자: 400만 원 조금 못 받습니다.

사기범: 일단 팀장님께 결제를 올려야 하니 소방관 명함이랑 최근 급여 받은 통장 사본, 그리고 신분증 사진 하나 찍어서 보내 주세요.

피해자: 얼마까지 대출을 해주실 수 있나요?

사기범: 최대한 3천까지 만들어 보려고 지금 서류 준비하라고 말씀드리는 겁니다.

피해자: 일단 알겠습니다.

이렇게 피해자는 누구인지도 모르는 사람에게 3천만 원을 빌리기 위해 개인정보를 넘깁니다. 그러나 이 불법 업자들은 처음부터 3천만 원을 빌려줄 의사도, 능력도 없는 경우가 대부분입니다. 이들이 원하는 것은 개인정보를 확보한 뒤 30만 원, 50만 원 같은 소액을 빌려주고, 이후 협박과 불법 추심으로 돈을 뜯어내는 구조를 만드는 것입니다.

피해자: 서류는 다 준비했는데, 어떻게 할까요?

사기범: 요즘 업무가 많아서 비대면으로 거래하고 있습니다. 사진 찍어서 보내 주세요.

피해자는 대출 절차라고 생각하고 신분증 사진, 통장 사본, 명함 등을 사진 찍어 보냅니다. 카카오톡으로 받은 서류를 보면, 월급 380만 원을 받는 소방관 홍길동이라는 정보가 그대로 확인됩니다.

사기범: 저희가 지금 대출을 해 드릴 예정인데, 첫 거래고 홍길동 씨가 대출금을 상환하지 않고 연락이 안 될 수도 있으니 아버지, 어머니, 회사 동료, 친동생, 누나 등 비상 연락망 7개만 보내 주세요.

네이버 주소록을 메일로 보내 달라는 업체도 있습니다. 네이버 주소록은 휴대전화 파손이나 분실 시 빠르게 복구할 수 있는 백업 기능인데, 이것을 넘겨주는 순간부터는 일이 걷잡을 수 없이 커질 수 있습니다.

피해자는 자신이 갚을 의사도 능력도 있으니 큰 문제 없다고 생각하고 지인과 가족 전화번호, 네이버 주소록을 넘겨줍니다. 그러나 이는 곧 불법 추심을 위한 '무기'를 사기범에게 건네는 행동이 됩니다. 채무자가 상환하지 못하는 순간, 받아 둔 비상 연락망을 이용해 가족과 지인에게까지 협박과 압박을 시작하는 것입니다.

불법 업자들은 "월급 380만 원을 받는 공무원이면 180만 원 정도는 갚을 수 있겠다"는 식으로 계산하고, 결국 100만 원 정도의 소액 대출을 미끼로 제안합니다.

사기범: 한도 조회를 해본 결과 첫 거래라 100만 원밖에 안 될 것 같

습니다. 대신 이번 거래가 잘되면 다음에는 3천만 원까지 팀
장님이 신경 써 주신답니다. 어떻게 하실까요?

피해자: 이자는 어떻게 됩니까?

사기범: 이번 건은 소액이라 이자가 좀 비쌉니다. 100만 원이 나가면
1주일 뒤 원금과 이자 합쳐 180만 원 상환해 주시면 됩니다.

피해자: 이자가 좀 비싸네요. 그럼 다음에 3천만 원 대출할 때도 이자
가 이렇게 비싼가요?

사기범: 그때는 금액이 크니까 법정 이자, 연 20% 정도로 맞춰 드릴
게요. 진행하시겠습니까?

피해자: 솔직히 다음 주에 목돈이 필요합니다. 이번 거래 잘되면 다음
에는 이자 좀 싸게 3천만 원 부탁드립니다.

사기범: 알겠습니다.

그러나 사기범들은 이번 거래가 잘되어도 3천만 원을 빌려줄 생각
이 없습니다. 목적은 '희망 고문'을 하며 피해자를 계속 끌고 가다가,
협박과 불법 추심으로 돈을 뜯어내는 데 있습니다.

피해자: 어떻게 하면 됩니까?

사기범: 서로 믿고 하는 거니까, 제가 차용증 양식을 하나 보내 드릴
테니 거기에 맞춰서 써서 보내 주시면 됩니다.

사기범: 이걸 A4 용지에 깨끗이 써서 휴대전화로 사진 찍어 보내 주세

차용증

이름: 홍길동

차용 금액: 100만 원

갚을 금액: 180만 원

차용일: 2025년 12월 17일

상환일: 2025년 12월 24일

*위 사실은 협박과 강요 없이 본인이 진실을 작성했음을 증명합니다.
약속을 어길 시 형사·민사 처벌을 받겠습니다.

2025년 12월 17일 차용인: 홍길동 (인)

요. 소액인데 왔다 갔다 하면 차비만 들고 서로 번거롭습니다.
이게 깔끔합니다.

피해자: 알겠습니다.

이렇게 해서 피해자는 100만 원을 빌리게 됩니다. 이를 연이자로 환산하면 사실상 말도 안 되는 수준의 살인적 이자율이 됩니다. 돈이 없어 빌렸는데, 그 돈을 어떻게 갚을 수 있겠습니까. "소액이라 별거 아니다"라는 생각이 결국 큰 손해로 이어집니다.

1주일이 지나 상환일이 되면, 사기범들은 아침부터 독촉을 시작합니다. "오늘 상환일이다", "12시까지 입금되지 않으면 1시간마다 연장비 20만 원이 붙는다"는 식으로 공포를 조성합니다. 보내는 사람 이름도

'김 실장', '박 대리'처럼 직함을 붙여 마치 조직적으로 운영되는 회사처럼 꾸밉니다.

피해자는 약속대로 3천만 원을 빌리기 위해, 힘들게 180만 원을 마련합니다.

피해자: 상환하려고 하는데, 어디로 보내면 됩니까?

사기범: 카카오뱅크 3333-7777-8888 김순옥으로 보내세요. 보내는 사람은 홍길동으로 보내시고, 입금하시면 입금 내역 캡처해서 보내 주시면 됩니다.

(이 계좌 역시 대포통장인 경우가 대부분입니다.)

피해자: 송금했습니다.

피해자는 180만 원을 송금하고 입금 내역을 캡처해 보냅니다.

사기범: 확인이요. 추가 대출 더 필요하십니까?

피해자: 저번 주에 이번 거래 잘되면 싼 이자로 3천까지 해주신다고 하셨는데요.

사기범: 팀장님께 결제를 올려 보겠습니다.

피해자: 알겠습니다.

이들은 실제 회사도 없으면서 '팀장', '대리', '부장', '과장' 같은 직함을 써 가며 연기를 합니다. 2~3명이 모텔, 원룸, 차량, 혹은 해외에 모여서 1인당 휴대전화 5~7대를 들고 1인 5역, 7역을 하며 피해자를 속이는 구조도 흔합니다.

사기범: 팀장님과 의논해 봤는데, 첫 거래에 이어 두 번째라 이번에는 150만 원까지 가능합니다. 1주일 뒤 280만 원만 상환해 주시면, 다음에는 3천만 원도 싼 이자로 가능하게 해드릴 수 있습니다.

또다시 희망 고문이 이어집니다.

피해자: 돈이 급한데 오늘 좀 해주시면 안 되겠습니까?
사기범: 저희 회사 규칙이 그래서 어쩔 수 없습니다.

이런 순간, 사기범들은 다른 휴대전화로 '다른 업체'인 척 피해자에게 문자를 보냅니다. "당일 대출 가능" 같은 메시지가 여러 번호로 동시에 옵니다. 돈이 급한 상황에서 이런 문자를 받으면 마치 하늘에서 동아줄이 내려온 것처럼 반갑게 느껴지기 마련입니다. 그러나 같은 사무실의 공범이거나, 한 사람이 1인 다역으로 보내는 경우가 대부분입니다.

이때부터는 이미 핵심 정보(불법 추심에 필요한 자료)를 받아 둔 상태이기 때문에, 서류 요구가 오히려 단순해지기도 합니다. 서류를 까다롭게 요구하면 피해자가 겁을 먹고 도망갈 가능성이 있기 때문입니다.

피해자는 돈이 필요하니, 처음 빌렸던 곳의 150만 원 제안부터 문자로 연락 온 여러 곳까지 동시에 상담합니다. 광고는 "3천만 원 가능"이

 범죄의 심리학

라고 하지만, 실제로는 "첫 거래라 신용이 없다"는 이유로 10만 원에서 많아야 100만 원 정도 소액만 빌려 주는 경우가 대부분입니다.

피해자는 결국 또 다른 업체들에서 10만 원, 10만 원, 15만 원, 20만 원, 20만 원처럼 여러 건을 나눠 빌립니다. "거래가 잘되면 큰돈을 낮은 금리로 빌려 주겠다"는 말에 넘어간 것입니다. 그러나 이자는 주 80% 수준으로 붙고, 상환해야 할 금액은 18만 원, 18만 원, 27만 원, 36만 원, 36만 원처럼 불어나게 됩니다.

돈을 빌려주는 사람이 누구인지도 모른 채 '왕 차장', '김 대리', '박 실장' 같은 직함만 믿고, 얼굴 한 번 보지 못한 채 거래가 늘어납니다. 여기서부터 상황이 급격히 심각해집니다.

1주일 후, "3천만 원을 빌려 주겠다"던 사람은 원금과 주 80%의 살인적인 이자만 챙기고 약속은 지키지 않습니다. 나머지 업체들에 대해서는 이자조차 감당하지 못하는 상황이 됩니다. 상환 약속 시간이 지켜지지 않자, 사기범은 아내나 회사 동료에게 연락하겠다고 협박합니다. 그것만은 막아야 한다고 생각한 피해자는 또 다른 업체에서 말도 안 되는 소액을 빌려 돌려 막기 시작합니다. 빚이 눈덩이처럼 커지는 구조입니다.

처음 1~2개로 시작한 대출이 1주일 뒤 10개, 2주 뒤 30~40개로 늘어나고, 한 달이 지나면 본인이 쓴 돈은 거의 없는데 계속 돌려 막기만 하다가, 사기범이 요구하는 돈이 수천만 원이 되어 버립니다.

이제부터는 협박이 더 노골적이고 잔인해집니다. "불법 추심을 하지 않겠다"는 조건으로 유심이나 통장을 만들어 보내라고 하거나, 특정 장소에서 은밀한 촬영을 요구하거나, 해외로 오라고 하거나, 돈만 받아 전달하라고 요구하기도 합니다. "도박한다", "술집 다닌다" 같은 허위 사실을 가족, 배우자, 지인, 회사에 알리겠다고 협박하며 약점을 잡고 계속 압박합니다.

불법 추심의 방식은 다양합니다. 비상 연락망으로 받아 둔 주소록 (수백~수천 개 번호)에 무차별 전화를 걸어 밤새 욕설을 퍼붓고, 지인과 가족을 단톡방에 초대해 "돈 빌려놓고 안 갚는다"고 공개 망신을 주며 압박합니다. 해외 발신 허위 문자로 강간범, 성폭력범, 절도범, 성추행 범처럼 몰아가기도 하고, 차용증과 개인정보로 SNS 계정에 박제하거 나, 확보한 영상과 사진을 유포하며 사회적 매장을 시켜 버리기도 합 니다. 물리적 폭력이 아니라, 온라인에서 사람을 무너뜨리는 방식으로 협박이 이루어집니다.

피해자는 사기범이 시키는 것이 범죄라는 것을 알면서도, 당장 회사 에서 잘리면 안 되고 가족에게 들키면 안 된다는 두려움 때문에 신고 를 망설이게 됩니다. 그러나 막상 수사기관에 신고하려고 해도, 누가 협박하는지 특정하기가 어렵습니다. 피해자가 알고 있는 것은 타인 명 의의 SNS 계정, 타인 명의의 전화번호, 타인 명의의 계좌뿐인 경우가 많습니다. 이렇다 보니 수사도 어렵고 시간도 오래 걸리며, 그 피해는 고스란히 채무자에게 돌아옵니다.

　　　　　　　　　　　　　　　　　　　범죄의 심리학

연 4,800%의 원하는 돈을 주지 않자, 지인에게 또는 SNS로 허위문자, 차용증을 유포하여 불법추심을 하는 SNS 내용

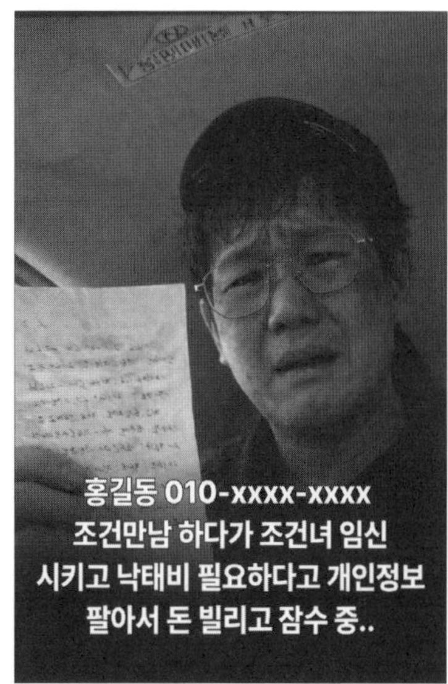

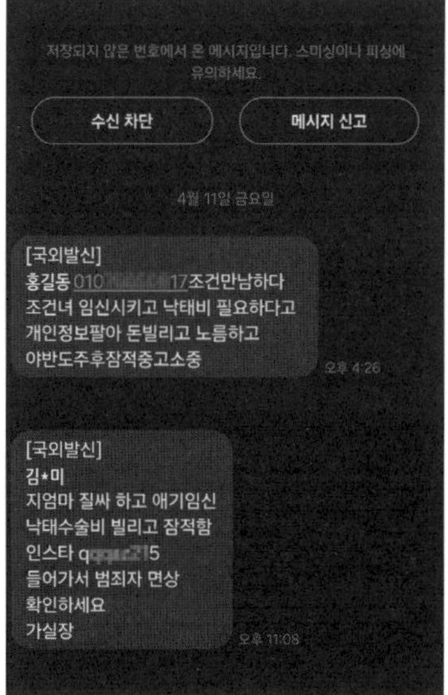

예방 방법

직장 전화번호, 가족 전화번호, 지인 전화번호, 네이버 주소록을 요구하거나, 차용증을 작성하게 한 뒤 자기 얼굴 옆에 들고 사진을 찍어 보내라고 하는 곳은 100% 불법 사금융입니다. 모르는 사람에게 SNS상으로 돈을 빌리기 위해 정보를 넘기거나, 차용증을 들고 얼굴 사진을 찍어 보내는 순간, 돈은 빌리지도 못하고 오히려 그 정보를 빌미로 협박을 받게 됩니다. 시작 자체를 하지 말아야 합니다.

이들은 단순한 사채업자가 아니라, 사채를 가장한 보이스피싱 사기범입니다. 애초에 정보 제공 없이 돈을 빌리지 않는 것이 최선의 예방이지만, 실수로 돈을 빌렸다면 원금을 상환한 뒤 사기범의 전화와 SNS 계정을 차단하는 것이 필요합니다. 또한 연락처를 넘겨준 지인이나 가족에게 먼저 양해를 구하는 것이 현명합니다.

"이런 곳인 줄 모르고 개인정보가 유출되었습니다. 죄송합니다. 혹시 연락이 가면 모르는 사람이라고 말씀해 주세요."라고 미리 이야기하시면 됩니다.

무엇보다 두려움 때문에 사기범의 요구를 다 들어주면, 결국 평생 노예처럼 돈을 빼앗기고 2차 범죄로 이어질 수 있다는 사실을 반드시 기억하셔야 합니다. 세상에 공짜는 없습니다. 돈을 '무서워할 줄 아는' 사람이 되셔야 합니다.

돈에 대한 욕망을 합리화하려는 심리

대포 통장 사기

'항공권 티켓팅에 숙식 제공

월 천만 원 줍니다. 캄보디아 오세요'

경제가 어려워지면서 돈도 없고, 일자리를 구하기도 힘든 상황이 이어지다 보니 일부 사람들은 구직 과정에서 범죄에 가담하게 되는 경우가 발생합니다. SNS나 구인·구직 사이트의 광고를 보고 일을 하려고 연락하는 것부터 시작됩니다.

피해자: 구인·구직 광고 보고 연락드립니다.

사기범: 네.

피해자: 일 좀 하려고 하는데, 어떤 일인가요?

사기범: 캄보디아나 프놈펜에서 온라인 영업을 하는 일입니다.

피해자: 어떤 영업을 하는 건가요?

사기범: 쇼핑몰이나 카지노 등등 영업하는 일입니다.

피해자: 그런데 월급을 그렇게 많이 줍니까?

사기범: 영업이라는 게 해보면 그렇게 쉬운 것만은 아닙니다.

피해자: 항공권도 지원해주고 숙식 제공도 된다고 되어 있던데, 맞는
건가요?

사기범: 네, 지원 가능합니다. 그리고 열심히 해서 매출이 많이 뜨면
추가 수당도 많이 지원하고 있으니 돈 버는 데 큰 도움이 되
실 거예요.

사기범: 나이가 어떻게 되세요?

피해자: 28입니다.

사기범: 성별은 여성이시고, 지금까지 해보았던 일은 어떤 것들이 있
나요?

(컴퓨터를 잘 다룬다든지, 웹·앱 개발을 잘한다든지, 해킹 기술이 있다든
지, 은행·대출회사·통신사 등 금융사기에 도움이 되는 사람은 우대하는 편
입니다. 반대로 특별한 기술이 없는 사람에게는 목적이 사실상 '통장'인 경우
가 많습니다.)

피해자: 이것저것 알바 외에는 특별히 한 것이 없습니다.

사기범: 처음부터 잘하는 사람이 있나요? 일은 차근차근 배우면 되고,
여기 언니·친구·동생·오빠도 많으니 생각 있으시면 연락 주
세요.

피해자: 거기 뭐 이상한 곳 아니죠?

 범죄의 심리학

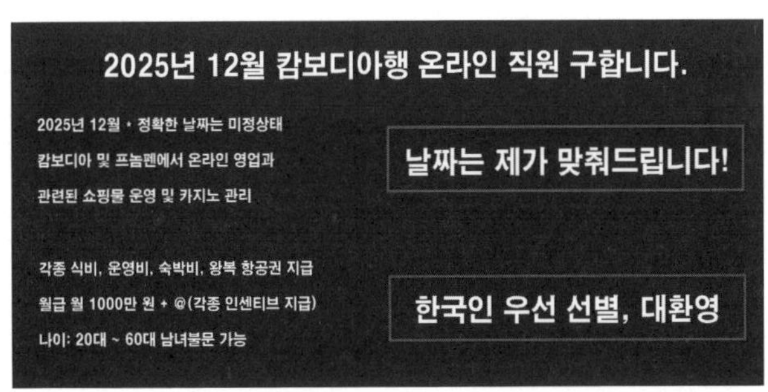

범죄에 가담시키기 위해 쉽게 많은 돈을 벌 수 있다고 홍보하는 구인, 구직 SNS 광고

사기범: 지금 세상이 어느 세상인데 거짓말을 할 수가 있겠습니까?

피해자: 그건 그렇습니다.

피해자: 일단 일을 하게 되면 어떻게 해야 합니까?

사기범: 급여 받을 통장은 있죠?

피해자: 네, 있습니다.

사기범: 여기는 한국에서 사용하는 시중은행이 없어서 모바일로 거래 해야 하는데, 비대면 뱅킹이 안 되고 출금이 안 되고 입금이 안 되면 일을 하기가 어렵습니다.

피해자: 입·출금, 비대면 거래는 다 됩니다. 그런데 신용은 안 좋습니다.

사기범: 일하는 데 신용은 필요 없습니다. 비대면 거래만 되면 됩니다.

(목적은 이 사람을 '바지'로 세워 통장을 대포통장으로 쓰려는 계획입니다.)

피해자: 알겠습니다.

사기범: 일을 하게 되면 언제쯤 시작할 수 있나요? 그래야 저희가 항 공권 예약을 해드리죠.

피해자: 지금 하는 일이 없어서 빠르면 빠를수록 좋습니다.

사기범: 여권은 있나요?

피해자: 있습니다.

(만약 없다고 하면, 여권을 만들라고 지시하며 비용까지 보내 주는 경우도 있습니다. 올라오기만 하면 '돈'이 된다고 판단하기 때문에 이 정도는 투자로 여기는 것입니다.)

사기범: 그럼 일단 여권 사진 찍어서 보내주시고, 여기는 동남아라 엄청 더우니 동절기 옷은 빼고 편안하게 입을 수 있는 옷이랑 본인 명의 휴대전화, 필요한 물건, 여권만 챙겨서 준비하고 계세요.

이렇게 피해자는 가족들에게 "숙식 제공도 되고 월급이 천만 원이라 해외 나가서 돈 많이 벌어 오겠다"는 식으로 작별 인사를 하고, 항공권 예약을 해주는 사람이 누구인지, 어디 소속인지, 무슨 일을 하는지도 모른 채 동남아로 향하게 됩니다.

동남아에 도착하면 공항에 사기범이 마중을 나옵니다. 그리고 사기범의 차에 올라탄 순간, 호텔이나 사무실, 범죄 단지로 끌려가게 됩니다. 여기서 범죄 조직이 가장 필요로 하는 것은 "일을 시키는 것"보다 "피해자의 통장"입니다. 앞서 보신 것처럼 각종 사기로 한국의 수많은 피해자들이 속아 돈을 입금하게 되는데, 그 돈을 받아낼 계좌가 필요하기 때문입니다.

하루에도 적게는 수천만 원, 많게는 수억 원씩 피해금이 특정 통장으로 들어오기 때문에, 한도 계좌(이체·뱅킹이 제한되는 계좌)는 사실상 의미가 없을 정도로 활용됩니다. 그래서 도착하자마자 휴대전화를 요구해 통장이 몇 개 있는지, 모바일 뱅킹이 되는지부터 확인합니다. 만약 한도 계좌라면 최소 3개월은 '작업'이 필요하므로, 그 기간 동안 먹여 주고 재워 주고 용돈까지 주면서 겉으로는 편안한 대우를 해주기도 합니다.

이 3개월 작업이란, 범죄 조직이 법인 사업자를 이용해 마치 급여를 받는 것처럼 꾸미고 허위 원천징수 등을 만들어 한도 제한을 풀어버리는 방식입니다. 제한이 풀리면 은행마다 차이는 있지만 1일 이체 한도가 건별 수천만 원에서 많게는 수억 원까지 올라갈 수 있고, 그 순간 해당 계좌는 범죄에 사용되는 '무기'가 됩니다.

이후 범죄 조직은 피해자 명의로 비대면으로 최대한 많은 계좌를 개설하게 한 뒤, 사실상 통장을 넘겨받아 양도받는 구조로 운영합니다. 겉으로는 "도박 사이트 환전 때문에 통장이 필요하다", "대신 월 1,000만 원씩 주겠다", "돈을 더 벌고 싶으면 너도 일을 배워라" 같은 말로 유혹합니다. 선불로 500만 원을 준다고 하거나, 한 달 뒤에 또 500만 원을 준다며 희망 고문을 하기도 합니다. 하지만 이 통장은 범죄에 사용되는 계좌이기 때문에 피해자가 신고해 버리면 오래 유지될 수 없습니다. 결국 정리하면, 피해자는 '500만 원에 통장을 판 셈'이 되어 버립니다.

이런 방식으로 사채를 써서 돈을 못 갚는 사람, 지인 소개로 넘어온 사람, 도박으로 돈을 잃은 사람, 전과자, 친구, SNS로 유입된 사람 등 수많은 이들이 유혹에 넘어가 범죄 조직의 앞잡이가 됩니다. 누군지 알지도 못하는 상대에게 유심과 통장을 넘기고, 그 피해는 걷잡을 수 없이 확산됩니다.

범죄 조직은 사람을 무조건 많이 데려온다고 좋은 것이 아닙니다. 목적이 있고 쓸 곳이 있어야 합니다. 기술이 있거나 활용 가치가 있는 사람은 다른 범죄에 더 깊게 가담시키고, 활용 가치가 떨어진다고 판단되는 사람은 다시 한국으로 돌려보내기도 합니다. 심지어 버릴 때도 친절하지 않습니다. 예를 들어 시아누크빌과 프놈펜 사이를 일부러 왔다 갔다 시키며 길을 헷갈리게 만들고, 총책은 나타나지도 않은 채 운전기사나 용역 같은 사람들만 계속 붙어 다니게 하기도 합니다. 외국이고, 여기가 어딘지, 누가 누군지 알 수 없게 만드는 것입니다.

문제는 한국으로 돌아온 뒤부터입니다. 본인의 잘못된 판단과 행동으로 인해, 앞서 보신 것처럼 수많은 피해자들이 '그 사람(피해자이자 가해자)의 통장'으로 돈을 입금하게 되었기 때문에 엄청난 고소가 접수되고 형사·민사 책임이 불가피해집니다. 그러나 정작 본인은 누가 오라고 했는지, 누구에게 유심과 통장을 줬는지 알지 못합니다. 그러다 보니 "일하러 갔다가 협박·감금당한 피해자"라고 주장하게 되는데, 이러한 사례가 늘어날수록 총책과 조직은 검거가 어렵고, 수사기관도 조직을 특정하기 어려워집니다. 결국 피해자들은 누가 돈을 사기쳐 갔는지조차 알기 어려운 구조가 됩니다.

지금 이 시간에도 불법 사채에 돈을 빌리고 협박을 받아 통장을 만들어 주는 사람, 이자 감면을 빌미로 통장을 만들어 주는 사람, 돈을 많이 벌게 해준다며 속아 통장을 빌려주는 사람, 세금을 줄이기 위해 통장을 빌려주는 사람, 대가를 받고 파는 사람이 존재합니다. 그러나 "몰랐다", "후회한다", "울었다", "속았다"는 사정만으로 모두 용서받는 일이 아닙니다. 사기, 사기 방조, 또는 전기통신금융사기 피해방지 및 피해금 환급에 관한 특별법 등에 따라 중대한 처벌을 받을 수 있으므로 각별한 주의가 필요합니다.

예방 방법

먼저 생각해 보셔야 합니다. 캄보디아, 라오스, 미얀마, 태국, 필리핀, 중국 등은 우리나라보다 GDP나 GNI가 낮은 나라가 많습니다. 그런데 어떻게 숙식 제공에 월 1,000만 원씩 월급을 준다는 조건이 가능하겠습니까. 이는 정상적인 일이 아니라 사기이거나 이용당하는 구조일 가능성이 매우 높습니다.

또한 구직 과정에서 SNS로 보내주는 명함, 사이트, 사업자 정보는 위·변조가 쉽습니다. 전화 통화나 SNS 메시지로만 일을 처리하지 마시고, 주최가 누구인지, 어떤 일인지 직접 만나서 사업자와 사람을 확인하셔야 피해를 예방할 수 있습니다.

"돈이 되고 정상적인 일이면 나에게는 기회가 오지 않는다"는 사실을 명심하셔야 합니다. 정말 돈이 되는 일이라면 본인 가족에게 시키면 됩니다. 재능도, 능력도, 일면식도 없는 사람에게 항공권까지 끊어 주면서 숙식을 제공하고 높은 월급을 준다는 것은 상식적으로 맞지 않습니다. 본인이 사장이라면, 본인 같은 사람을 그렇게 좋은 조건으로 대우해 일을 시키겠는지 반드시 생각해 보셔야 합니다.

"항공권 끊어 줄 테니 월 1,000만 원을 주겠다"는 식의 구인·구직은 현실적으로 존재하지 않습니다. 일하는 곳이 외국이라면 더욱 긴장하셔야 하며, 한 번 가는 순간 캄보디아 범죄 단지처럼 국제적으로 고립된 상태가 될 수 있다는 점을 반드시 명심하셔야 합니다.

범죄의 심리학

검거 수사가
어려운 이유

당신은 지금까지 설명한 기상천외하고 다양한 범죄 수법 중, 몇 가지가 본인에게 해당 되십니까?

앞서 소개한 범죄 수법으로 큰 피해를 입고 수사기관에 신고한다고 해서, 수사기관이 수사를 하지 않는 것은 아닙니다. 문제는 범죄가 발생한 구조 자체에 있습니다. 위와 같은 범죄들은 대부분 범죄자의 얼굴을 한 번도 보지 못한 상태에서 이루어집니다. 그 결과, 수사기관에 증거물로 제출할 수 있는 것은 타인 명의의 SNS 계정, 타인 명의의 휴대전화 번호, 타인 명의의 계좌번호가 전부인 경우가 대부분입니다.

이 자료만으로 과연 범죄자를 특정할 수 있을까요?

만약 여러분이 수사기관이라면, 이 정보만 가지고 범죄자를 특정할 수 있겠습니까?

그래서 수사 과정에서 휴대전화 명의자, SNS 계정 명의자, 통장 명의자를 소환해 보면 돌아오는 대답은 거의 비슷합니다.

"유심을 돈 받고 팔았습니다."

"고수익 아르바이트라고 해서 보냈습니다."

"협박을 받아서 넘겼습니다."

"이자를 깎아 준다고 해서 줬습니다."

이러한 답변이 현실입니다. 정작 유심과 계좌를 받아 실제 범죄를 저지른 사람들은 동남아 범죄 단지에서 활동하고 있고, 이들은 국내에서 특정하기가 매우 어렵습니다. 그 결과 수사는 난항을 겪게 되고, 범죄자 검거도 쉽지 않으며, 피해자는 누가 자신의 돈을 사기쳤는지조차 알 수 없게 됩니다. 당연히 피해금을 돌려받는 것 또한 극히 어렵습니다.

지금까지 설명한 34가지 항목 중 단 한 가지라도 해당된다면, 이미 금전적인 손실을 입었거나 전과자라는 낙인이 남았을 가능성이 큽니다. 만약 다섯 가지 이상 해당된다면, 사기 피해를 당할 가능성과 범죄에 연루될 가능성이 매우 높은 상태라고 보셔야 합니다. 이 경우, 일상 속에서 항상 경계심을 갖고 생활하셔야 합니다.

이 글이 조금이라도 도움이 되셨다면, 지금 이 순간 가족과 지인들에게 이 책을 추천해 주시기 바랍니다. 범죄는 개인의 문제가 아니라, 한 사람의 무지로 주변 사람들까지 위험에 빠뜨릴 수 있는 문제이기 때문입니다.

앞서 보신 것처럼 사기범들은 길목마다 기상천외한 방법으로 여러분의 개인정보, 통장, 유심, 휴대전화 그리고 돈을 노리고 있습니다. 이러한 범죄가 기승을 부리는 이유는 국민들이 무심코 만들어 준 유심과 통장, 그리고 범죄자들에게 속아 범죄 수익금을 세탁해 주는 구조가 존재하기 때문입니다.

지금도 그렇고 앞으로도 그렇고, 모든 범죄 수법을 일일이 하나하나 대응하는 것은 사실상 불가능합니다. 그러나 수많은 세월이 흘러도 변하지 않는 공통점이 있습니다. 모든 계획적인 금융 사기는 대포폰과 대포 계정을 이용해 광고를 하거나 피해자를 기망하는 수단으로 사용되고, 최종적인 자금 인출은 타인 명의의 대포통장이나 타인 명의의 암호화폐 전자지갑을 통해 이루어진다는 점입니다.

그렇다면 지금 이 대포폰과 대포통장, 대포계정을 누가 만들어 주고 있습니까?

바로 국민입니다.

속아서, 대가를 받고, 혹은 알고도 넘겨준 사람들이 존재합니다. 이러한 사람들이 사라져야 합니다. 몰랐든 알았든, 이들은 범죄에 가담하거나 방조한 것이고, 양도된 통장과 유심으로 인해 너무 많은 피해가 발생해 왔습니다. 그럼에도 불구하고 "초범이다", "몰랐다"는 이유로 대부분 솜방망이 처벌에 그치고 있는 것이 현실입니다.

그러나 통장을 만들어 주는 사람은 구조적으로 항상 초범일 수밖에 없습니다. 통장과 유심을 양도해 금융질서 문란자로 등록되면, 최장 12년 동안 비대면 금융 거래가 제한되기 때문입니다. 결국 한 번 가담하면 다시는 같은 방식으로 범죄에 이용될 수 없게 됩니다. 그래서 사기범들은 언제나 통장을 만들 수 있는 '초범'만을 노립니다. 이는 사기범들이 제도의 허점을 정확히 파악하고 악용하고 있다는 의미이기도 합니다.

따라서 초범이라는 이유만으로 관대한 처벌을 할 것이 아니라, 초범이라 하더라도 강력하게 처벌할 수 있도록 양형 기준을 상향해야 합니다. 이것이 반복되는 금융 범죄의 고리를 끊는 출발점입니다.

또 하나 중요한 문제는 유심 개통 구조입니다. 사기범들에게 휴대전화의 모델이나 성능은 중요하지 않습니다. SNS 계정이 만들어지고, 착신과 발신만 가능한 유심이면 범죄 준비는 충분하기 때문입니다. 통신사에서는 단말기 할부가 포함된 상품은 손해를 우려해 개통을 까다롭게 관리하지만, 유심 개통은 외국인 여권만 있어도 가능한 구조를 유지하고 있습니다. 이 과정에서 대리점 직원과 공모할 경우, 본인도 모르는 사이에 다수의 유심이 개통될 수 있는 심각한 허점이 존재합니다. 이 역시 강력한 양형 기준과 제도 개선이 반드시 필요합니다.

또한 쿠팡, 통신사 등 각종 개인정보 유출 사고를 감안하면, 대한민국 국민 대부분의 개인정보가 이미 유출되었다고 봐도 과언이 아닐 정도입니다. 편리함만을 앞세운 모바일 신분증, 비대면 인증 시스템은 그 이면에 항상 보안 취약성을 동반합니다. 그럼에도 불구하고 국가는 국민의 재산을 보호할 의무가 있습니다.

오프라인 신분증에 주민등록번호를 그대로 노출하는 방식이 아니라, OTP 기능을 탑재해 계좌 인증, 통신사 본인 인증, 비밀번호 변경, 신분증 인증 등을 수행해야 합니다. 현재처럼 모든 인증 수단이 휴대전화에 의존하는 구조에서는, 휴대전화가 악성코드에 감염되는 순간 모든 보안이 무력화됩니다. 그러나 모든 전산을 통합해 일회용 비밀번호 생성 방식으로 인증을 한다면, 사기범들이 정보를 탈취하기는 훨씬 어려워질 것입니다.

물론 사기범에게 속아 OTP 번호를 불러주거나, 정상 화면 위에 가짜 사이트를 덮어씌워 입력을 유도하는 경우도 발생할 수 있습니다. 그러나 이는 소수에 불과합니다. 금융기관, 통신기관, 정부기관, 주요 기업의 본인 인증 절차를 통합해, 개인정보가 유출되더라도 아이디와 비밀번호만으로 로그인하지 못하도록 하고, 비밀번호 변경, 뱅킹, 대출, 휴대전화 개통, 통장 개설, 공공기관 업무 처리 시 비대면이라면 번거롭더라도 오프라인 신분증과 연동된 OTP 인증을 필수화하는 것이 가장 현실적인 대안입니다.

마지막으로 국민 여러분께 당부드립니다. SNS에 올라오는 광고, 문자로 오는 대출 광고, 전화로 걸려오는 광고, SNS로 말을 걸어오는 사람들의 감언이설과 회유에 절대 대응하시면 안 됩니다. 모든 범죄는 여기서부터 시작됩니다. 범죄에는 원인 없는 결과가 없듯이, 전화 통화든 SNS 대화든 '대화'가 시작되는 순간 범죄의 문이 열립니다.

모르는 사람과 대화를 하지 않으면 아무 일도 일어나지 않습니다. 명함, 사업자등록증, 신분증을 카카오톡으로 받았다고 해서, 며칠간 통화를 하고 SNS로 대화를 나눴다고 해서 그 사람이 '아는 사람'이 되는 것은 아닙니다. 직접 만나 대화하고, 밥을 먹고, 차를 마셔 본 사람이 되어야 비로소 아는 사람입니다. 이 기준을 지키지 못하고 도움을 기대하거나 고민을 털어놓는 순간, 범죄는 시작됩니다. 그 상대는 대부분 동남아 범죄 단지에 있다는 사실을 반드시 기억하시기 바랍니다.

지금 바로 앱 스토어에 접속해 경찰청 보안 전문가가 개발한 시티즌 코난, 피싱아이즈 앱을 설치하시기 바랍니다. 이 앱들은 휴대전화에 악성 앱이 설치될 경우 위험 수위를 자동으로 알려 주고, 삭제 기능을 통해 악성코드로부터 벗어날 수 있도록 도와줍니다.

또한 중고 거래 사기, 불법 사채, 보이스피싱, 노쇼, 지능화된 금융 범죄를 예방하려면 한국금융범죄예방연구센터와 카이스트 보안 전문가가 개발한 크레딧톡 앱을 설치해 보시기 바랍니다. 사기범과의 통화 녹음을 분석해 범죄에 사용되는 은어를 탐지하고, 사기 계좌, 사기 SNS 닉네임, 사기 전화번호 여부를 확인할 수 있어 범죄의 위험을 사전에 피하는 데 큰 도움이 됩니다.

항상 사기는 예방이 가장 중요하다는 사실을 잊지 마시기 바랍니다.

정부는 제도를 보완하고, 기관과 기업은 책임을 다하며, 국민은 경계를 늦추지 않을 때 비로소 이 악순환을 끊을 수 있습니다.

– 이기동

범죄의 심리학

범죄자들은 어떻게
우리의 심리를 훔치고 조종하는가

ⓒ이기동

초판 1쇄 인쇄 | 2026년 1월 20일

지은이	이기동
기 획	조영훈
디자인	ziwan
마케팅	모티브
펴낸곳	모티브
ISBN	979-11-94600-86-2 (03180)
이메일	motive@billionairecorp.com